U0948708

台湾郜妈育儿新经③

我不坏 只是在长大

郜莹 著

图书在版编目（CIP）数据

我不坏，只是在长大 / 郜莹著. -- 南昌：二十一世纪出版社集团, 2015.5
ISBN 978-7-5568-0698-0

Ⅰ. ①我… Ⅱ. ①郜… Ⅲ. ①儿童教育—家庭教育—通俗读物 Ⅳ. ①G78-49

中国版本图书馆CIP数据核字(2015)第076270号

我不坏，只是在长大 / 郜 莹 著

责任编辑 凌 云
美术编辑 徐 泓
封面设计 小棉袄
出版发行 二十一世纪出版社集团（江西省南昌市子安路75号 330009）
www.21cccc.com cc21@163.net
出 版 人 张秋林
经 销 新华书店
印 刷 南昌市红星印刷有限公司
版 次 2009年9月第1版
2015年5月第2版
印 次 2015年5月第1次印刷
开 本 889mm×1280mm 1/32
印 张 5.75
书 号 ISBN 978-7-5568-0698-0
定 价 20.00元

赣版权登字-04-2015-253

目 录

自序

要关心，不要担心

有段时间我的睡眠质量极差，不是难以入眠就是很容易惊醒，一醒来后就再也睡不着觉，经常睁眼到天亮。在这无眠的日子里，我见证了“黎明前的黑暗”，看到每当天色转为更黑暗时，就是象征着离天亮不远了。

在教养孩子的过程中，我也经历过这种“黎明前的黑暗期”，多次在面临孩子“变坏”时，心情跌到谷底，萌生自我质疑不是个好母亲的无力感，幸而身边有许多学教育的朋友和老鸟妈妈们，再三给我加油打气：

“不要沮丧害怕，每个孩子都要经历过‘变坏’的过程才能‘转好’！”

后来又在阅读《圣经》时看到一句话：

“不要为明天忧虑，因为明天自有明天的忧虑，一天的难处一天当就够了。”

在感觉到自己所背负对孩子担心的担子要把自己压垮的时候，我就把这句《圣经》里的话语拿出来默诵一遍，让自己心平气和后，仔细地去想想看看那些我为孩子所担忧的事，发现其中有许多全都是“借”来的忧虑。

而在抚养孩子长大成人后，我回头检视那些当初为孩子所做的“远忧”，几乎没一件发生过，我竟然早早地就把它们借来背负在自己心中，压得自己喘不过气来，真是多么愚蠢的错误啊！

其实，“好”与“坏”原本就是相对的概念。从某个角度来看，属于“好孩子”的特质，如柔顺听话、老实，换个视角来看也许就成了自卑、懦怯的“坏孩子”；胆大倔犟、自负被归于“坏孩子”习性的，也可以被看作是勇敢、有主见、有自信心。

也就是说任何一个孩子，都是好与坏的结合体，但在爸妈要求“孩子要完美自己才有面子”的心理因素促使下，往往会不自觉地拿着放大镜专去找孩子的缺点，那原本只是一点点的缺点因此被扩大，形成爸妈为孩子向明天后天“借来”的忧虑，引发孩子在意识上也将自己视为坏孩子。

但如果肯去把放大镜定格在孩子的优点上，就能萌生自己和孩子有做好孩子本质的信心，愿意一起去努力找到坏孩子的症结与源头，对症下药，不让孩子在被误解的坏中，失去了“变好”的机会。

世界上没有不为孩子担心的爸妈，因为每个爸妈都认为，我们之所以会有太多的担心，是由于我们关心孩子爱孩子，但经常被混为一谈的担心与关心，所呈现出来的意念和得到的结果却完全不同。

关心是正向积极的鼓励、支持与协助，让孩子在感受到爸妈的信任了解关怀下，能够放心地去慢慢成长变好；担心则是无谓的唠叨、烦恼与压力，爸妈对孩子担心越多，孩子的焦虑与反弹就会越大。

孩子的成长就如同等待一棵果树的发芽、开花和结果，需循序渐进，每一点的过程都需要有一定的时间，为人父母的必须如好农夫般地充满耐心，等待孩子从“变坏”的过程中吸取教训、得到“免疫力”，不要试图用“激肥”速长的方式来催熟他们，让他们跳过这个“由坏转好”的学习过程。

因此，当爸妈开始产生急躁心时，去想想水果摊上的那些水果吧！

想想你吃过经过催熟而甜蜜有味的水果吗?

目前在水果摊上卖价最高的水果，是不是那种强调“非基因改造和不加化肥”的果子呢?

就让我们一起努力，彼此加油打气提醒，让自己在教养孩子上成为一个“三心将军”——

1. 坚定相信心；

2. 细心观察心；

3. 学会等待心。

孩子真的不坏，他只是想用自己的速度和方式，在或快或慢地成长而已。

做个关心不担心的爸妈。

第一章
变坏是转好的开始

父母、师长们习惯用“指示”来向孩子发令，要孩子做个“听话”的乖孩子。无形中替他们播下了由于习惯听命于人，又因无独立思考与判断能力，反而增加了他们在长大后容易“入污泥而染”地变坏的种子。

所以在孩子成长的过程中，家长应给孩子一个让他们能从错误中学习如何“转好”的机会。让他们在面对问题时，可以自己去推想、行动，体验错中学的过程。

没有天生就是坏坯子的孩子，他们只是在摸索着学习长大而已。

1 中等生是优秀人的进阶

郜妈爱说笑

子："爸爸，如果我考了第一名你会怎样？"

父："我会高兴死了！"

子："爸爸，你不用担心，我一定不会让你死的！"

郜妈侃一侃

电子邮箱里连续传来几封朋友转载自"wendy 的幸福世界"的文章《家有中等生》。

文章述说一位母亲，如何由刚开始不能接受自己孩子的不成才、没有远大抱负向上心，到安然接受女儿只想做一个"当英雄路过的时候，坐在路边鼓掌的人"的事实。其间，她不论用尽心力去替女儿请家教、报辅导班、买各种各样的资料来提高她的学习成绩，还是采用添加营养、物质激励来改善女儿的智力，女儿仍是稳如泰山地排名班上五十个同学中的第二十三名。

这篇文章抚慰了众多"家有中等生"的父母心，也鼓动了我这个拥有一个也想做中等生女儿的妈妈，想跳出来说说我家这个拥有中等生心态的女儿,后来取得了一些令人惊喜欣慰的“成就”。

七年前，我们在弄不清大陆高校选填志愿的“潜规则”的情况下，女儿以高于录取分 132 分饮恨落到上海中医药大学。我将这个结果自嘲为“鹤入鸡群”，并安慰女儿说：“你考入成绩比同学优秀如此多，绝对能成为班上的优等生！”

结果五年读下来，女儿一次奖学金都没拿到，除了几项她感兴趣的学科得到 A +或 A 的成绩外，其他学科都只是表现中等。

记得第一年看到她那张在我意料之外的“中等生成绩单”时，我用苦涩的笑容和言语来掩饰自己内心的失望，我说：

“女儿啊，为什么你这只鹤放到鸡群中，不能继续保持鹤立鸡群，而是将自己变成了一只‘中等鸡’呢？”

“做个拔尖人多累啊，我只想做个快乐幸福的‘中等人’！”

听到女儿如此“没有志气”的回答，我有点儿来气了，但女儿却没有眼色地继续发表她的高见：

“妈妈你不是常说，每个人都应该将幸福快乐作为人生最大的追求目标吗？”

我被小丫头这句话给噎住了，叹了口气说：

“没错，可是妈妈担心你虽然现在觉得做中等人幸福，但万一到了中年后突然又不觉得做中等人幸福了，懊悔了怎么办？”

女儿用平静的眼光望着我说：

“辛苦努力地去让自己成为优等生，也有可能在到了以后，会有‘万一’觉得不值的时候啊，那我一生不就从来没有享受过幸福快乐吗？做中等生至少可以让我这时候感觉到幸福快乐，就算以后万一不幸福快乐时，至少还可以有个曾经幸福过的美丽回忆。”

我被女儿的话击得猛地一震：

“是啊，谁也无法料到未来那‘万一’的结果，为何要将那未知数拿来‘吓自己和吓孩子’呢？”

我们父母有义务去告知孩子，他的选择可能（非绝对哟）会带给他怎样不同的生活状态，但却不能用自己所认知界定“成功快乐幸福”的框架，去强硬套到孩子的思维里。

一直抱持着“中等生”轻松心态快乐度日的女儿，在进入第六年考医师执照的医院实习时，选择跟诊几位针灸名师，并积极准备去美国考针灸师执照。

我对女儿的这个决定颇不以为然，认为读了五年医科的她，去考只要学习两年就能毕业，且职业地位远远低于正规医师的针灸师是一种“低就”。女儿又扔给我一个思想炸弹：

“我在进入医院实习后，发现并不想要做那整天听人诉苦喊痛的医生，我真正喜欢的是艺术创作，但搞艺术创作很难养活自己，而美国的针灸师收入很高，美国也是艺术创作者的天堂，如果我能在美国拿到执照找到工作，就可以在有收入的情况下，同时能从事让自己感觉幸福的艺术创作。”

女儿在积极准备考试和跟诊中，跑去学了几堂素描，然后买回一堆有关绘画的书籍和油彩画具，在家搞起油画创作，几位也在从事艺术工作的朋友看到女儿的作品都大感吃惊，不敢相信她是在无人指导下完成的。

而在她”幸福创作”的同时也完成了在医院辛苦的跟诊实习，并以极高分取得中医师执照。

女儿的“大鸟慢啼”行径启发了我的一些想法——

我们做父母的,应该把教育孩子当作是参加一项马拉松比赛，没有跑到最后，谁也不知道结果如何；任何成绩名次都是一时的现象，孩子自己才是最有资格对自己评分的人，所以没必要把孩子的分数和表现当作是替自己评分的成绩单。

如果能包容孩子“不知上进”地去做不合乎我们所预设的“中等生”，不去因为迷恋那有形的成绩，而去击垮孩子无限的潜能，孩子自然会活出一个让我们惊讶叹赏、能幸福安然地过着自己想要生活的“优等人生”。

孩子未合我们期待要求的“不上进”，很可能就是他作为跳高跳远的起步呢!

郜妈老实招

1. 不妨经常去阅读一些“小时了了大未必佳”和“大鸟慢啼”型的过来人经验谈，借由这些实例来给自己洗脑，以消除教养子女的焦虑。

2. 常常去检省深思对孩子的期待，我们究竟想为孩子祈求怎样的未来？

3. 当孩子表现不如自己期待的优秀时，跟他平心讨论一下他对自己未来生活的期待设想，听听他的说法，也表达自己隐于期待下因“父母爱”而引发的担忧。

2 给孩子学习“由慢变快”的时间

郜妈爱说笑

蜈蚣、毛毛虫与蜘蛛在一起玩扑克牌，说好了玩输的要负责去买宵夜。

结果蜈蚣大输，骂骂咧咧地走出门。

毛毛虫与蜘蛛在屋内等了大半天，不见蜈蚣归来，等得不耐烦了的蜘蛛开骂起来：

“出去买东西买这么久还没回来，这只蜈蚣肯定是要赖开溜啦！”

结果门外传来蜈蚣生气的回答：

“不要在人家背后说坏话啊，我哪里开溜了？我还在门口穿鞋呢！”

郜妈侃一侃

我的女儿在家里有一个绰号，叫做“蜈蚣妹”，因为她虽然没有像蜈蚣一样有那么多只脚要穿鞋，然而她穿鞋所花费的时间，却常常可以和蜈蚣穿鞋的时间媲美。

不知是否跟她的星座是金牛座有关，女儿的吃喝拉撒睡行无一不慢，婴儿时期的她，一瓶奶可以磨蹭上两三个小时才吸完；幼儿期伺候她上厕所简直成了我的酷刑，因为小小年纪的她坚持不肯坐小孩马桶而要坐大人马桶方便，上小号还好，若要伺候她“大大”，是非得端把小椅子跟她对坐上个把钟头，才能完成的“大事”。

后来跟一些妈妈们聊天，发现许多家孩子都有这皇帝不急却急死太监的“慢郎中”问题。

“慢动作”最常呈现的是在做功课的时候，每个妈妈都有一腔的怨言要倾诉：

“我家的小海从打开书包拿出作业到真正开始写第一个字，一定要半小时！”

“半小时还算快的咧，我家小君我认真算过，如果我不吼她的话，她可以拖上一个半小时！”

这些“慢郎中”拖拖拉拉的戏码有——

从乱如垃圾堆的书包里找出作业本、找写功课的文具、忘记或没记完全老师交代要做的作业、打电话去问同学顺便聊上两句……

这些准备工作通常都是要在妈妈的狮子吼下才结束。

然后，十分钟起来去找水喝找点心吃、五分钟上一次厕所、翻翻堆在一边的漫画书、捉弄一下在沙发上打盹的猫或狗……说一些如“张妈妈家的小弟弟好爱笑”，“没有怀娃娃的王爸爸肚子为什么比怀娃娃的李妈妈还要大”，“张馨星今天被老师处罚了”等莫名其妙的话；最多的是啥动作都没有，就是——发呆。

总之，看这些慢郎中写功课，绝对是考验妈妈“爱是恒久忍耐”的最佳时机，许多妈妈都备受“爱或罚”的煎熬——

“陪孩子做功课最能节约能源，因为妈妈冲顶的怒火，绝对可以煮开一壶水！”

“每个妈妈都可以去参加‘大声婆比赛’，因为每天陪孩子做功课，都有喊嗓练声的机会。”

每天周而复始地上演这些戏码，孩子好像无所谓，但每个妈妈都觉得要崩溃了。拖拖拉拉的，每天都要混到十一点多才写完，怎样才能让他肯写快一点啊！

我应邀去一个小学作亲职演讲时，有个妈妈就满脸烦恼地起立发问：

“我儿子写功课总是拖拖拉拉的，每天都要混到十一点多才写完，怎样才能让他肯写得快一点啊！”

“试着给他规定一个完成作业的时间，在规定时间完成作业后，可以看漫画书、动画片、玩电子游戏……做他爱做的事。”

几个月后我再度受邀到这个学校作演讲，那个妈妈又站起来提问了：

“老师，你上次提供给我的那个方法没用啊，我儿子只在施行这方法的第一次很快写完功课，后来就又故态复萌了。”

“你一定是让他在规定时间完成功课后，又要他再复习别的功课、又多出点练习给他做，或要他收拾书桌扫地清理房间或抽屉……总之又派给他了一些其他功课或工作对不？”

那位妈妈脸红起来，惊讶地说：

“老师你好厉害，你怎么知道的？”

“因为我也是个娘！”

我们做妈妈的，常会在发现原来孩子的慢是“装出来”的后，往往就会忘了跟孩子的约定——

如果他能改变“慢郎中”的习性，他就可以尝到快快完成作业后悠闲玩乐的甜头。

当孩子发现“快起来”后的结果，不是令人开心的奖励，而是让自己还要做更多的课业和工作的“惩罚”，哪个孩子还会愿意去做改变呢？

郜妈老实招

在我家“慢郎中”女儿身上试行的几个原则给妈妈们作参考——

1. 给孩子一个能让他安静专心写课业的桌子：最好能让孩子有自己的书桌，替他营造出一个“学习”的氛围，也能同时让他养成写字读书的正确姿势。若真有困难，必须利用餐桌或其他家人的书桌，也让他在写作业时，拥有“绝对使用权”，要替他“净空”桌上物，并保证他不受到其他人的驱赶或干扰。

2. 规定写作业的时间与顺序：查看作业量多少，跟孩子讨论写各科作业的顺序，并估算要花多少时间。写作业的顺序若跟孩子的观点有分歧，家长可略为让步，让孩子试行几次，看结果如何后再跟他作讨论；另外初期写作业时间要安排得充裕些，以免孩子达不到要求，会因沮丧产生抵触情绪。

3. 将写作业时间分段进行：小一、小二或刚开始施行的孩子以二十分钟为“一段”，小三以上的孩子可以延长为三十分钟，时间一到不管规定作业写好没有，都停下笔来休息十分钟。在写作业的这段时间内，不准说话聊天、喝水、上厕所、吃东西……分心做其他事，父母也要遵守不去打搅孩子做作业的安宁。

4. 和他一起找出功课做得慢的原因，并讨论改进的方法。

5. 找几个孩子一起做功课：利用同伴的力量来相互督促。

6. 给孩子学习“由慢变快”的时间：一个好习惯的养成可能需要一个月甚至更长的时间，一朝培养完成，孩子一生都受益。所以，妈妈们当心里着急时，就去想想一辈子和一两个月的差距，心里就会平和些。

7. 一定要给孩子进步的奖励：孩子一开始若在时间上掌控得不够好，不要责骂，而是去和他检讨问题出在哪里；若能在规定时间内完成，要以口头和肢体拥抱等给予赞扬，并信守应允他完成作业后可从事他喜欢的游乐的承诺。

3 小气自私是孩子的通病

郜妈爱说笑

叔叔出题考上了小学的侄儿算数：

“我拿六块糖给你和小妹妹一起均分，你要分几块给她？”

“分给她两块。”

“怎么会是两块呢？你不是已经学会除法了？”

“我是学会了除法啦，但是小妹妹她并没有学啊！”

郜妈侃一侃

琪是我幼年时最好的玩伴，活泼大方的她经常跟小玩伴们分享她的零食与玩具，后来嫁给一位也有同样性格的丈夫，婚后生了三个孩子，大女儿和小儿子都遗传了夫妻俩对人大方的性格，唯独二女儿个性却十分的自私小气，不仅属于她的玩具不肯跟人分享，分给她的糖果饼干，她即使不爱吃不想吃，也紧紧拽在手中不肯送给别人。并且，最让人哭笑不得的是，客人只要提进她家的东西，就绝对不准再提出她家门，更别提想拿取她家任何物品离开了。

有一次过年，我提了两盒点心去琪家，一盒是给她家送的礼，另一盒则是要提去给另一位朋友拜年。那小家伙打从我一进门，眼睛就没离开“监控”那两盒点心。当我准备告辞离去提起一盒点心时，她立刻飞奔过来扯着我手上的点心盒不放，任由父母们怎么劝说，都大哭大闹地不肯松手，琪满脸尴尬地说：

“真是，我怎么会生出这样一个小气鬼的孩子！”

替儿女在家办 Party 时，特别观察了一下那些受邀的小客人，发现了一个很有趣的现象，就是孩子是否自私小气，跟在家里的排行、是否受重视的程度有很大的关系。

通常在家排行老二的孩子，由于一生下来往往就被“强迫”要与人分享玩具、食物和父母的爱，因此在特别渴望能拥有“完全属于”自己可以支配享用的心情促使下，往往就会表现出比较自私与小气的言行，尤其是排行男孩或女孩第二的，更常因在受到“不被父母稀奇宝贝”不公平对待下，就更显得自私与小气。

而在家是独生子女的孩子，或在家特别受宠的孩子，因为独自享用和“凡事他最大”惯了，则也会有特别自私小气的表现。

像我有一位朋友的女儿文文，由于是家族中最年幼的孩子，因此在家里，玩具、食物都是由她先挑选，只要她看上眼的任谁都不许动。

有一次，文文应邀来我家参加女儿的生日 Party，规定每个小朋友都得带一样礼物来抽奖交换，她带来了一个洋娃娃做礼物，结果被别的孩子抽走了，文文见状就大哭起来，死活不肯接受她抽中的礼物。为了安抚她的情绪，我又另外送她一份玩具，但文文仍是不乐意，我只好任由她独自一人缩在角落生闷气。

她的父母来接她时，看到满脸泪痕的文文，心疼不已，问清楚了是因为没抽中自己带来的礼物，文文爸爸脸色有点不太好看地说：

“为什么不让抽中娃娃的那孩子让出这份礼物呢？”

我听了既惊讶也有些不高兴地反驳道：

“当初说好了是抽奖交换礼物，怎么可以破坏规矩，强迫抽中礼物的孩子让出礼物呢？”

文文妈妈听出我话中的不悦，连忙出来打圆场说：

“我们家文文在家一向被宝贝惯了，只要她想要的东西别人都一定得让她。”

“别的孩子在家也同样是各家的宝贝，但再娇再宠那是在自家里，到了团体中，就得接受平等的规则。”

大概我的话说得太过直接，文文父母的脸色变得有些僵，拉着哭哭啼啼的文文匆匆离去。后来我家孩子的 Party 再也没邀请过文文，我想就算是我不计前嫌地邀请她，这个小丫头大概也不会愿意参加了吧？

时间匆匆过去十年。有一天，我在一家强调增进人际关系能力的补习班门口遇见了文文妈妈，她正在等文文下课，我好奇地问她为何会想到将文文送到这家以收费昂贵著称的补习班来上课，文文妈妈叹了口气说：

“没办法啊，文文老师说她有交友障碍，班上没有一个同学愿意跟她做朋友，只好把她送来这里，看看能不能学习到一些改善她人际关系的方法。”

我想起十年前发生在我家的事，忍不住问她说：

“还记得那次你女儿抽奖没抽到娃娃的事吧？后来你们是不是在离开我家后立刻就去帮她买了那娃娃？”

文文妈妈惊讶地张大了眼睛反问道：

“你怎么知道？”

我没直接回答她的问题，只是笑笑地又抛出一个问题：

“文文在家还是被大家宠让，要什么就要得到什么的小公主吗？”

“是啊，越大越娇，越大越霸，而且特别小气自私，像前两天她爸看见她在吃冰淇淋，凑过去吃了一口，结果她大小姐大发脾气！”

“她爸爸如何处理这事的呢？”

“只有赶紧跟她道歉，再去买一盒冰淇淋给她啊！”

我听了忍不住又“狗嘴吐不出象牙”起来：

“文文妈妈，如果你和文文爸爸不改变事事宠惯文文的习惯，花再多钱让文文去上课，都没法改善她交不到朋友的现状！”

在孩子越生越少的现代，常听有的家长说孩子特专横，在家里是爱吃的东西连最亲的人也不肯分一点；在学校和友伴相处时，则是谁也不许动她的东西，否则不是向老师告状，就是和同学吵架。其实不懂和人分享、小气自私是孩子在成长过程中必会经历的阶段。

因为当孩子长到两三岁大时，由于思维能力所限，难以理解事物之间的相互关系，所以往往会以“我”为中心去认识事物，表现出来的就是只会想到自己，不会想到别人。但如果任由孩子的这种思维方式发展下去，孩子就有可能变成一个自私小气的人。因此，家长的教育、引导是否得当就十分重要了。

在中国最常见的强化孩子自私个性的错误教育是许多爸妈或长辈，不仅常让孩子吃独食，并且还喜欢在嘴巴上念叨着：“这么好吃的东西，爸妈（或爷爷奶奶）都舍不得吃，就是专门留给宝宝吃的。”孩子自小受到这样的“洗脑”，想不独都难。

一位智慧的母亲为了让从小被外公外婆养独了的孩子改变自私习惯，特别注意在家里不给他特殊的地位，有好东西一定大家一起享用。刚开始孩子常跟爸妈生不愿让他独吞食物的气，但父母坚决不妥协，跟孩子讲家里每个人都有权利享用的道理，慢慢地，孩子也就接受了这项家规。

另外一项常见的就是，当孩子不愿借玩具给小朋友玩时，一些家长会用纵容的态度说："我这孩子就是小气，真拿他没办法！"甚至有些家长担心孩子争玩具吵闹，还会让孩子把玩具藏起来；也有较严厉的家长会强迫孩子把心爱的玩具交给别人玩，孩子如果不愿意就会受到处罚和指责。

在博客上看过一个玲玲妈妈，在处理孩子不愿跟同伴分享玩具上很有技巧，有一次邻居的孩子来家玩，看到计算机上的游戏很有意思也想玩一玩，她女儿死活不肯，搞得她这做家长的很没面子。但她并没有因这事指责孩子，而是在事后问孩子为何不肯让朋友动计算机，孩子说怕他弄坏了计算机她会受到父亲的责骂。她建议女儿不妨先把自己的担心说出来，取得友伴的理解后，再教导他如何谨慎使用计算机。她还鼓励女儿多请朋友来家玩，把自己的图画书和玩具多拿出一些，和伙伴一起看、一起玩，女儿在尝到了跟别人一起分享的快乐后，就逐渐改善了自私小气的毛病。

部妈老实招

1. 常见大人在看到孩子拿着吃的东西时，会和他开玩笑，要求他分一点给人吃，但通常在等到孩子真的大方递出食物时，大人们却又往往会说："真乖！阿姨不吃，宝宝自己留着吃吧。"这种做法会抵消掉教育孩子学会和别人分享的效果，因此只要是和孩子提出要求分享食物，就要愉快接受并表示感谢。

2. 当孩子不愿把玩具借给别人时，家长可用商量的口吻对孩子说：“等你玩完了再让给 ×× 玩一会儿好不？”让孩子觉得对自己的物品有控制权，可决定什么时候可以把玩具借出，同时提醒借玩具的孩子说：“你不要弄坏它哟，这样下次 ×× 才会再把玩具借给你玩。”

3. 多制造让孩子们一起分享彼此心爱的玩具的机会，让孩子体验分享并不等于失掉自己所拥有的东西，还可以得到更多分享别人玩具的快乐。

4 贪玩的孩子，学习动力强

郜妈爱说笑

有一只企鹅，他的家离北极熊家特别远，要是走的话，得走二十年才能到。有一天，企鹅在家里待着特别无聊，想去找北极熊玩，于是就出门往北极熊家走，但走了十年终于走到一半的时候，突然想起来自己出门时忘记锁门了，于是便走回家去锁门。锁了门以后，企鹅再次出发去找北极熊，等他花了四十年终于走到北极熊家，敲开门对北极熊说：

“北极熊北极熊，我来找你玩了！”

北极熊开心地打开门，拉着企鹅说：

“太好了，走，我们去你家玩吧！”

郜妈侃一侃

在电梯里遇见12楼的妈妈牵着挂着一行泪的小杰。

“怎么哭啦？”

“一早就闹着不肯上学，被爸爸修理了！”

“怎么不愿上学呢？是不是挨老师批评了？还是有小朋友欺负你？”

小杰抽着鼻子摇着头说：“不是，是上学不好玩！”

小杰妈妈听了，用手指狠狠地点了点小杰的额头生气地说：

“就知道玩，上学是为了让你学习的，不是让你去玩的！”

“学习”和“玩耍”真的是完全对立的吗？

望着哭哭啼啼被妈妈拽出电梯赶去上学的小杰，我想起古书上的一句话：

“勤有功，嬉无益。”

但又想到“玩”字是由“王”和“元”两个字符所构成，“王”意为第一，而“元”的意义则为“起点、开始”，因此“玩”的本来意思应该是说，某个行业或领域大“王”，成功的“元”动力就是“玩”！

曾访问过一位在台湾音乐界被推尊为“大师”的音乐家，向他请教创作音乐的心得，这位大师一面用根玻璃棒敲打着大大小小的玻璃杯，一面对我调皮地扮了个鬼脸说：

“就是玩啊！玩着玩着，那音乐的旋律就会自动跑出来了！”

音乐可以用“玩”的，玩出个成绩来，大家可能还容易理解和接受，因为音乐被归为“艺术”，是属于心灵层面的，不需用数字演算，仰靠外国语文去理解，可以由纯属“感觉”的灵感创造出来。但若想做个优秀的电子程序设计师、物理或生物学家，也能“玩着玩着”就产生成绩出来吗？

台湾有一个专门贩卖电子游戏软件的光华商场，里面许多热销的电子游戏软件的设计师都是十来岁的孩子，他们都是电子游戏的玩家。

我曾访问过其中一位年仅十四岁，却已设计了六个游戏软件，赚得了数百万身家的小男孩，他是如何走向软件设计的，他摆弄着游戏机语气轻巧地说：

“就是玩啊，玩到觉得别人设计出来的游戏太简单、没意思，就跳出来自己设计啦！”

而他们所玩的许多游戏，大都是由日本进口的，那些游戏说明书都是日文，游戏里的角色也都是以日语对话，这些“爱玩”的孩子，为了能玩得尽兴，就努力去翻查日文字典和听日语碟片，因而个个都认识了不少日文字，也能说上许多日语了。

曾好奇地探问过一位好几次婉拒官方聘任为政务官，宁愿孤灯独人守着一个化学研究室，一待三十多年都不愿离开的朋友，化学研究令他着迷的原因究竟在哪？他像听人要他谈热恋情人般地两眼发亮，满面笑容地说：

“研究结果出来后会是啥模样，谁都说不准，就跟开彩票一样！你说，这多么刺激好玩啊！”

完全是不同领域的工作，没想到要做到优秀，居然同样需要有一颗会玩的心。

而放眼社会上各行各业的顶级高手，也不难发现多数的成功者，他们的历程都是受兴趣驱使踏入此一行业，也就是从“玩”起家。

但大概没几个家长敢真正放心、放手让孩子去玩，因为谁都会担心，自己孩子究竟是能玩出个名堂，还只是玩野了心？

或许由于我自己是被父母以“放羊吃草”教育方式一路玩大，也玩出自己一片天空的人，因此当其他同龄孩子被妈妈们领着去赶上奥数、心算、钢琴、绘画、书法等才艺学习时，我的两个孩子则是在玩。

两个孩子玩什么呢？

儿子主要是玩他喜欢的乐高玩具，来拼成小汽车、城堡、轮船……或玩拼图、玩魔术方块、画图、捏塑泥、做美术工艺，偏重较静态的玩法；女儿则爱去挖泥巴、捉蚯蚓、捉金龟子、灌蚂蚁窝……经常是野得灰头泥身地归家。

亲友们见着我家两个男不男、女不女，完全是颠倒世俗对男孩女孩正规玩法的孩子，纷纷摇头叮嘱我该“好好管一管”。也是野丫头长大天生反骨的我所采取的自然是——

不管！

不仅不管还“助纣为虐”。

因为我跟儿子一起在玩乐高玩具和拼图、魔术方块时，发现这游戏虽人人都会玩，但要能玩得好，必须具有空间概念的天分。而在陪玩的过程中，我观察到儿子具有这方面的能力，因此除了大量购买能更强化他空间概念的玩具和绘画美劳用品让他玩个痛快、画个痛快外，也不惜血本地去购买许多有关建筑、设计、美术这方面的碟片、书籍来供他阅读，来培养他对美的欣赏眼光。

儿子高一和高三时分别作了两次性向测验，所得出的测验结果让学校辅导室主任大感吃惊：

“我担任学生辅导工作二十多年，你的孩子是我见过的第二个未来发展性向相当明确的孩子。”

当主任知道我是以陪孩子玩来观察和强化孩子的强项时，主任感慨地说：

“我们中国的家长常爱以‘业精于勤而荒于嬉’来督促孩子多花点心力与时间在学习上，认为让孩子玩是浪费时间，陪孩子玩更是一种双重浪费，其实孩子玩的时间太少，学习负担太重，最后只会使他们对学习感到厌倦，觉得学习是一件苦事，对于自己的未来丧失方向。”

儿子大学读的是建筑，大一学年结束时，班上有三分之一的同学被刷，在中学读书时总是吊车尾的他，不仅坚持下来，并且年年都得奖学金。

要去美国再进修硕士时，我因考虑到读建筑太辛苦，并且要在这行业出头不易，劝他是否能改念个较轻松的专业，儿子低头思索了不到三十秒，抬起头来坚定地对我说：

“妈妈，再辛苦我也要念下去，因为我觉得建筑很好玩！你不是一直跟我和妹妹说，工作的意义不是光定位在赚钱和成名，而应是能带给我们快乐幸福感的吗？”

女儿则是放任她去公园里玩些“小子”们爱从事的探险，让她在家养蚯蚓、毛虫、蚂蚁，种含羞草……替她订阅科学杂志《小牛顿》；给她买显微镜，让她将从公园带回来的花草昆虫，通过显微镜作观察。

女儿从小学到高中，生物都是她读书时间花费最少但成绩却最好的科目，即便是参加中学和大学联考，她都能拿到近满分的成绩，问她生物为何能轻松得高分，她的回答是：

“课本上讲的，都是我小时就玩过的啊！”

曾有一位教育学者说：

“小孩子的工作就是玩。”认为孩子是借由“玩”来得到身心营养的。

卢梭也说过：

“儿童在游玩中所学到的东西，比在教室内学的价值要大上一百倍。”

数学很枯燥，但有玩心的人能在里面发现数字中隐含的趣味；弹琴弹得好的人，一定是要在那反复的练习中，能找到乐趣的人；生意做得好的人，不一定是那种精于算计的人，往往是在一个别人感觉没戏的生意里，找到自己的开心点的人。

因此当你想要斥责孩子“光想到玩”时，不妨将眼光转为观察你的孩子究竟偏爱玩什么，善用他爱玩、贪玩的心，让学习变得“好好玩”。

郜妈老实招

如何让孩子既会玩又会学？

1. 把玩耍列为每天的必修课：每天都列出一个小时作为“玩耍课”，至于是列在放学后吃饭前，或是做完功课后，或是以半小时为单元，完全由家长和孩子一起作出讨论结果。

2. 让孩子以自己喜欢的方式玩耍：孩子喜欢如何利用自己的玩耍时间、玩什么，父母都不要去干涉，因为那是属于“他自己”的时间。

3. 父母最好能尽量陪伴孩子一起玩耍：在陪伴的过程中，要记住自己“陪伴”的身份，就是一个配合者而非主导者，父母陪伴孩子玩耍的时候，少动口多用心与眼去观察。

5 爱说谎的孩子有创造力

郜妈爱说笑

小兴和阿明在比较谁的爸爸厉害！

小兴：我爸爸是个伟大的工程师，他什么都会做！你知道喜马拉雅山吗？

阿明：当然知道！

小兴：那是我爸爸造的！

阿明：哼！有什么稀奇？我爸爸才是伟大的神枪手！你知道死海吗？

小兴：知道呀！那又怎样？

阿明：那是我爸爸杀死的！

郜妈侃一侃

当你听到小兴和阿明的这段对话，是会哈哈大笑两个小鬼的吹牛，还是怒气冲冲地指责他们在“撒谎”？

到底什么样的话才是“谎话”呢？

如果是以只要是与事实不符合的话，都可称做“谎话”的标准来认定的话，这世界上大概没有一个人敢拍着胸脯说：

“我从来没有说过谎！”

可是在发现自己的孩子“说话不老实”时，大部分的父母通常都会责怪自己“没教好孩子”，甚至开始胡思乱想“这么小就学会撒谎，将来不变成小偷、强盗、经济罪犯才怪”，很少有家长会轻松以对地认为“这小娃脑筋挺灵光的，居然能编出这么一套话来哄人”……

做父母的究竟该以怎样的态度来面对孩子“说话不老实”才是正确的呢？

我想来说说我父亲处理我两次“说谎”的方式——

在我四岁大时家里养了一只小猫，每天早上它都会跳上床，用爪子把我给抓醒。我第一次被它抓醒时，心里既害怕又委屈，便哭哭啼啼地跑去父亲那里告状：

“小猫打我！”

父亲听出了我心里的意思其实是要向他撒娇，想得到他的一个安慰和拥抱，于是便笑嘻嘻地抱起我说：

“它是在叫你起床，不是在打你。”

父亲没有把我所说的“与事实不符”的话，反应过度地当作我在说谎，而是帮助我厘清了现实与想象的区别。

我第一次“撒大谎”是在小学五年级时。

母亲将我转学到离家很远的一个重点小学读书，第一天上课我就迟到了，我怕挨老师打不敢进教室便逃学回家。

一进家门就撞见了父亲，他问我为何又转回家来，我撒谎说开去学校的那路公交车今天停驶，父亲深深望了我一眼，默默地将单车推到门口，拍拍后座说：

“坐上来，我送你去学校！”

从家去学校的路程，坐公交车都要一个多钟头，骑单车还载着当时肥嘟嘟的我，更是一段辛苦长征。

我坐在后座，盯着父亲被汗水浸得湿透、衣领泛黄的白衬衫，用力踩着踏板的背影，泪水充满了眼眶。

父亲将我送回学校，哈着腰再三跟老师赔不是，看我在教室坐定后，才骑着单车回去。

对于我的撒谎逃学，父亲没有责骂我一句，也没有打我一下板子，但在后来的两年求学生涯中，我几乎天天因为迟到而被罚跪听课，却再也没撒谎逃学过。

后来我在遇见任何困难时，都是采取不为自己找借口闪躲、勇敢以对的态度，我认为应该是出自于父亲这次在处理我撒谎事件时，所采取的“不拆穿谎言但让我去面对真实”的教育方式所培养出来的好品德。

我父亲不是一个教育专家，也没有修过任何的儿童心理学，他只是用爱、信任以及身教，来培养他孩子的诚实。

曾在一本儿童发展心理学书籍上看到专家们提出的一项统计——

小孩“最会说谎”的年龄段是3~8岁，一般小孩是从3岁开始会说谎，到了小学二三年级时到达说谎最盛期。因为这年龄段的孩子，还无法弄清什么是真什么是假，而且因为刚学会用字遣词来表达自己的意思，所以表现欲超强，也极度希望自己所说的话能引起别人的注意。

而当他们发现自己所说的一些夸张言语，或是将一些别人做的事说成是自己做的，会引起大人的关注和表扬时，他们很容易就因此变成为一个“爱说谎的孩子”了。

当然其中有常爱说谎的和较少说谎的，而让人觉得吃惊的是，根据专家们的研究发现——

“常爱说谎的”的孩子创造力较高。

他们的理论是，由于小孩最初的谎言都是由“幻想”而来，他们借由这些话来展现他所未曾经历过，却仿佛经历过的事情，而这恰与“由无到有”的创造力有密不可分的关系。

所以，能够把假的说得跟真的一样活灵活现的孩子，可以说是个创造天才！

如果做父母师长的，用孩子说谎来替他们贴上“坏孩子”的标签，并给予严厉的处罚，往往就会剥夺孩子创造思考的机会。

因此在怀疑孩子或已肯定孩子是在说谎，做父母的不需要着急逼着他承认，并指出他谎言中的漏洞，因为如此一来只会培养出孩子下次去修正他的说谎技巧。

但也并非是要父母去轻忽孩子的说谎行为，而是放下担心与生气的情绪，平心静气地去仔细聆听孩子谎言下的“真心”，因为那些夸大不实言语下所隐含的，往往是他不敢表示的希望、要求与恐惧，父母若肯用心去听孩子的“谎话”，就能听到孩子真正想要表达的“真象”，然后利用从谎言中所得到的事实来帮助孩子解决问题。

如果发现孩子经常说谎，那必定是他承受不了某些压力，做父母的更需去深入了解。

另外，当父母解决完孩子说谎的问题后，就不要再去翻旧账，或是把孩子说谎的事告诉旁人，否则对孩子的伤害会很大。因为孩子自己觉得说谎被父母发现已经很不光彩了，若再被别人知道，更是会让他觉得被贴上了“坏孩子”的标签。

部妈老实招

年龄较小的孩子，常会将梦境和图画书里的人事物，和现实生活搅混在一起，他们还会认为，大人们也应该会跟他一样“看到”，所以当孩子跟你说他见到的事时，千万不可以斥责他：

“你说的是真的吗？又在吹牛撒谎了。”

这句话多说几次，保证你的孩子不是变成一个呆头鹅，就是闭起嘴巴再也不跟你说心里话了。

当孩子夸大他所见的事物，如说“我看见了一个跟房子一样大的狗耶”时，他可能见到的是他从来没有见过的大型狗，他为了要表达他的惊讶，或是引起旁人对他所说的话的重视。大人们没有必要去斥责他“乱讲”,也不需去纠正他使用“跟房子一样大”的夸张形容词，因为我们看一些受人赞扬的文章或画作，不都是创作者情绪“夸张”显现的一个创作吗?

因此，我们只要以平平常常的态度回应他 :“哦，是看到好大的一只狗了吗?”然后用手比着问 :“有这么大吗?”来修正他夸大其词的部分即可。

家有暴小子

郜妈爱说笑

第一次进足球场看足球赛的马莉，看到旁边的那个男人站起身来，大声用“国骂”怒骂坐在他前面的观众，便问坐在身旁的男友：

“那男人干吗发火骂人？”

“因为被他骂的那男人刚才对裁判扔了个饮料瓶子抗议裁判不公平！”

“那该死的裁判确实该被扔瓶子，可惜没有打中！”

“就是因为没打中裁判，那扔瓶子的人才挨骂的！”

郜妈侃一侃

水水妈妈在她的博客上发帖，请众妈妈替她支招——

我家小刚快满三岁，最近开始很喜欢打人，首当其冲的就是大他一岁的小堂姐，因为小堂姐喜欢抢东西，小刚抢不过就打人。

昨天小刚又把小堂姐打哭了，大伯就发飙了，不仅讲了很多难听的话，而且拿着棍子对着小刚说：

“你以后再打姐姐看看，你打她我就打你，一直打到你不敢打人为止！”

我不是没有教小刚不要打人，每天他睡觉前、起床后，我都不停地提醒他：“不能打人！”他每次动手打人时，我也都在当时斥责了他，甚至要他到其他地方自己玩来作为处罚，只是没有动手打过他罢了，因为我不赞成打孩子。

除了他大伯用的“以暴治暴”的管教孩子的方式外，到底还有什么好方法，可以改掉小刚打人的毛病呢？

许多回帖挤进水水妈妈的博客里，有妈妈替打人的小刚发出不平之鸣，认为在教导孩子不可以打人时，也应训诫小堂姐不可抢人东西，要懂得尊重别人的所有权和使用权。

如果只是一味限制自己孩子的退让，养成书本、玩具被抢走时只会跟老师告状或是哭着回家找爸妈，不懂如何去用非武力方式争取属于自己的权利，很可能会影响孩子日后处理事情的态度，成为遇事畏缩、人人可欺的“软柿子”，所以在引导孩子不过度地反应，不以“武力”为首要的自我保护方式之际，也要同时教导他明了捍卫自身权益的方式。

并建议让水水爸爸出面邀请大伯夫妇一起讨论，打人该如何处罚，抢玩具又该如何处罚，找出双方都可以接受的方式，来管理孩子争抢玩具的事，才能达到治标又治本的功效。

但多数的妈妈们都有共同的想法——

爱的教育没有错，但若怎么说孩子都不听，适度的惩罚也是必须的。

即便小刚大伯不揍他，而他又没有改变爱打人的习性，那么日后迟早都会遭到“以暴制暴”的人修理。

所以有必要适度地让小孩挨挨打，让他知道被人打是会痛的！让他借此学习“将心比心”地体会被人打的感觉。

究竟该不该采用“以暴治暴”的方式来教训爱打人不听劝的孩子？我想用一个曾发生在儿子幼儿园的事件来说说。

幼儿园里有个爱打人的四岁小孩阿旺，有好些孩子因为老挨阿旺打，怕得都不敢来上幼儿园，幼儿园跟阿旺的爸妈反映了许多次要他们予以管教，家长的回答竟然是：

“哎呀，小孩子打打闹闹本来就是常事，他这么小，打人会有多痛？”

有一天我去接儿子时，看到阿旺正被一个比他高壮许多的女孩，拽着头发用力旋转，老师们就在旁边观看，一点都没有要制止的意思。

我见状大吃一惊，问清楚了才知道，原来是阿旺去招惹了园里最凶的女孩小莉，我问老师为何不去制止小莉揍阿旺，老师的回答是：

“让阿旺也尝尝被人欺负的滋味！”

老师们过了一会儿后，才上前拉开了两个孩子，先问阿旺：

“被小莉拉头发和打痛不痛？”

阿旺哭哭啼啼地点点头，老师就说：

“你以前拉其他小朋友的头发和打他们，他们也跟你一样痛，所以以后不要再打别的小朋友好不好？”

见阿旺点点头，老师又转向小莉，问她会发飙揍阿旺的原因，原来是阿旺抢夺她正在看的绘本。

“是阿旺不对，所以阿旺要向小莉鞠躬说对不起！”

“不过小莉也不应该动手打人，因此也要跟阿旺鞠躬说对不起！然后两人拉拉手和好，一起看那本绘本。”

我很关心阿旺这孩子的后续发展，所以去接儿子时，都会特别去注意他，发现原本因为他老爱打人，所以一般孩子都不愿跟他玩，但自从那事件发生后，渐渐有孩子跟他一起溜滑梯和玩玩具了。

老师说事情发生的第二天，他们跟孩子讲了个爱生气的小狐狸，如何在发脾气前对自己大声数“1、2、3”来控制怒气的绘本故事，要小朋友一起来帮助阿旺控制怒气，就是看到阿旺又要生气打人时，就提醒他：

“阿旺，数 1、2、3！”

来帮助阿旺得到“好宝宝卡”——

一个上午没打人就可以得一张好宝宝卡，一整天没打人可以得三张好宝宝卡。

渐渐地阿旺打人的次数减少了许多，后来还成为当孩子发生纠纷争执时，去拉架劝和的和事佬呢！

郜妈老实招

父母常会替幼小孩子出现不当行为时找“太小教他也不懂”的借口，其实孩子很多观念都是应该从小建立的。并且教育要在当时，凡事都有黄金时间，当他正在打人时，父母就要有所作为，不要只是大人不断地道歉，晚上再来教孩子，那已经错过了教育的黄金时间，孩子早忘了你在说哪件事，就算记得，效果也不好，睡一觉醒来，明天还是会忘了你的教训，再继续打人。

所以当小孩出现打人的动作时，大人要立刻拉住他的手，并且用眼睛严厉地瞪着他说：“不许打人！”

如果手放开，孩子再有挥打的动作，就拉住他的手再说一次。

当其他孩子发生冲突时，爸妈可以让宝贝当观察者：“虽然那个小朋友打赢了，可是你看，其他人不敢跟他玩了！”或者：“那个小朋友虽然被欺负，可是他知道要跑，手会举起来挡，还懂得找大人保护自己！”

这种制止孩子暴烈行为的教导，不可能教一次就能让他改过，必须有耐心地重复多次教导，孩子在一再提醒教导下，自然就会学习控制自己的情绪与暴力行为。

7 不要遏止孩子的正义感

郜妈爱说笑

有一位说话大舌头的小姐要坐公交车到天母，可是她不知道要坐到哪一站下车，于是她问司机：

“资机先生顶问疑下，颠母代哪里下车？”

司机先生不理她，继续开车，小姐以为司机没听到便又问：

“资机先生顶问一下，颠母代哪里下车？”

司机还是不理她，旁边有一位年轻人，实在看不下去了，便插嘴告诉那一位小姐，下一站就是天母。小姐下车以后，年轻人质问公交车司机：

“刚才那位小姐问你，天母在哪里下车，你为什么不理她？”

司机转过头来很无奈地说：

“不市偶不告市她，偶市怕如果偶按她的样收，她会以为偶在鞋她的大舌头。”

郜妈侃一侃

在市场买豆芽时想偷懒买小贩摘理好的，旁边一位七八岁的小女孩拉拉我的衣袖说：

“阿姨不要买这种，这种比较贵，你买那种嘛，一块钱可以买好多哟！”

她的母亲瞪她一眼斥责道：

“阿姨要买哪种要你去‘鸡婆！”

“把你自己的事管好就了不起了，还去多管闲事！”

这是许多中国父母最常跟孩子吹胡子瞪眼说的老人言。

直到现在还记得小时玩伴们挂在口边的一句顺口溜：

“多管闲事多吃屁，少管闲事少拉稀。”

这句顺口溜不知道是哪个孩子带头说起的，但肯定不是出自于孩子的“创作”，而是大人们加诸于孩子的思维。因为，在中国“各人自扫门前雪，莫管他人瓦上霜”可是老祖宗传下来的古训。

在传统中国人的观念中，“我好”后才能有余心去顾到“你好”，如能做到“大家好”就是圣人了，是可以上“历史英雄人物榜”的楷模。

但这种教育法真的正确吗？

跟你讲一个发生在周小弟家的故事——

五岁的周小弟去住家附近公园玩，发现公园的厕所因疏于打扫，臭气冲天，想起妈妈曾跟他说过美国有一个小女孩写信给总统提建议的事，便也决定要写信给台湾领导提建议。于是回家后很认真地用汉字和注音符号（台湾的汉语拼音）写了一封信，交给母亲要她帮忙寄出去。

谁知周妈妈在看到周小弟这封“呕心沥血”的信时，竟然哈哈大笑：

“了不起，小小年纪还知道写信‘上告’天庭，你管的事可真是宽啊，将来可以去竞选民意代表了。”

周小弟听到母亲嘲弄的话，立刻从母亲手中夺回那封信怒气冲冲地说：

“我不跟你好了，我找爸爸去帮我寄信。”

周妈妈在见到儿子强烈的反应大吃一惊下，立刻生了警悟——

自己不是一直教导孩子要有急公好义的精神吗？但为何当儿子遵从她的教导去做一个好国民该尽的“义务”时，她却对孩子正在做一件平常人会做、且应该做的事的好行为，不给予正面的鼓励而是嘲笑呢？

于是，赶紧跟儿子道歉，并允诺帮他寄出这封信。

周妈妈在将这封信寄出之后并没有期待会有回音，未料不久竟接到了一封官方的正式来函，感谢督导指正并承诺改进。

周妈妈在接到这封回函后念给周小弟听，以为周小弟会跟她一样为能获得领导单位的回信感到得意，但周小弟却只是淡淡地“哦”了一声，并没表现出特别激动的模样。

周小弟如此的表现，让周妈妈既感到骄傲又觉得惭愧，骄傲的是周小弟能专注于只在乎他做了“该做的事”，结果如何并不去挂心；惭愧的是自觉应该担负着教育孩子职责的母亲，竟然受到了孩子的教育。

其实，不只是周妈妈有这样的感悟，听到周小弟故事的众爸爸妈妈们也都有不同的体验——

我们这些做大人的，经常会对许多人事物去大放厥词，随兴批评，个个都能讲出一番头头是道的“宏观达见”，却往往只停留在“说说发发牢骚”罢了，真的要付诸行动时，“言语上的英雄气概”就荡然无存，成为“言论上的巨人，行动上的侏儒”。

有这样的父母“典范”在孩子面前竖着，还能巴望教养出怎样的“英雄儿女”？

再跟你说一个发生在我家的故事——

儿子小学一年级时带他去参观古代金缕玉衣展览，前往参观的民众虽然很多，但都安静地排队等待。

忽然，有一位穿着名牌西装举着手机在大声讲话的男子，以迅雷不及掩耳的方式插进排列整齐的队伍，队伍中虽有人对他投去不满的眼色，但没有任何一人出面去纠正他的行为。

忍受不了众人这种无言的放纵，我顾不得独自一人带着幼龄子女强出头的危险，走上前去拍拍那男人的肩膀说：

“先生，请按秩序排队，队伍的尾巴在后面。”

那男人大概没料到队伍中有那么多大男人都不管的闲事，居然会有个小女子敢多事，啪的一下拂去我拍在他肩膀上的手，虎着脸对我吼道：

“你是什么玩意，居然敢管到老子我头上来了。”

我也沉下脸来一字一句地说：

“我是一个自爱、懂得遵守秩序的台湾人，在提醒一个没弄清楚参观要排队的‘玩意’！”

我在跟这男人交手的过程中，四周一片静悄悄的，无任何人声援，幸而我们争执的声音引来了维护秩序的警察，那男人方才悻悻然地离开。

我在重新回到儿女身旁时，儿子对我竖起大拇指说：

“妈，好样的！”

我却在这时有了后怕——

万一当时警察不出现，旁边的人也继续不发出正义支持，那男人跟我动手的话，我该怎么办？

便立刻跟儿子说：

“这种‘见义勇为’的事不是随时都可以做的，得先做好自身安全保护的估量。”

说完这话后又后悔了，因为如果凡事都要“先把自己的安全放在第一”，大概见义勇为的勇气就会因此消逝了不少吧？

幸而是我错估了儿子的智慧。

当儿子长成大学三年级的大男人时，某天我们一起去餐厅用餐，邻桌有一群客人在大声地喧哗拼酒，那烟也在一根根呼呼地抽，我忍不住皱起眉头指着店内贴着的“禁烟”标志对儿子小声抱怨。

儿子听了站起身来说要去反映这事，“江湖已走老，胆子变得小”的我连忙拉住他说：

“算了算了，别惹事，我们快点吃完离开就好了。”

儿子却不依：

“我们也是付了钱来吃饭的客人，有权利去争取该有的用餐环境。”

但他却不是走向那群客人跟他们直接起冲突，而是去找那餐厅的经理向他反映我们的不满，让他去按照“禁止抽烟”的店规处理。

儿子既保护了自己的安全，又做到了见义勇为的行为，让我忍不住像多年前他对我竖拇指般地夸奖：

“儿子，真是好样的。”

我们常抱怨社会越走越回头，正义之声越来越少，然而在发出这些怨言的同时，我们是否该扪心自问，这样走倒退路的社会，不就是我们这些只顾着“自己好”，并同时在有意无意间去遏止孩子天生正直纯善心思的大人们所造成的吗？

郜妈老实招

不要打压孩子爱管闲事的心，而是多加强他一些如何才能把闲事“管好”的能力。

魔鬼藏在细节里

部妈爱说笑

有四个被车上扒手偷过几回的男人，想出几个办法来戏弄扒手出口闷气。

其中一个人决定除了公交卡外啥钱都不带的出门，下公交车时他发现裤子里多了张纸条：

“ 一个大人出门一个子儿都不带，丢不丢人啊！——小偷公司敬上”

另一个则揣了个破钱包，里面只装了一毛钱毛票，下车时他发现钱包里被塞了张纸条：

“我们不是乞丐，请不要侮辱我们的职业，谢谢！——小偷公司敬上”

第三个人皮包里面装了张百元假钞，下车后他发现钱包里除了那张百元假钞外，还多了张纸条：

“私藏大面值假钞是违法行为，请自觉去相关部门上交，谢谢！——小偷公司敬上”

第四个则拿了个信封，装了一沓过期的美女杂志塞进提包里。下车后，他发现信封还在但杂志却被取走，换成了一张纸，上面写着：www.hongshu0.com，并外带一句：

“现在是信息时代，及时更新信息，才能跟上时代！——小偷公司敬上”。

郜妈侃一侃

每天黄昏时分，我都会去小区内的健身房做锻炼，几乎总会遇见几位带着刚放学的孩子在那里边做锻炼边聊天的妈妈，由于我的“妈龄”够资深，并且曾养儿又育女，因此当这些新鸟妈妈们碰到一些育儿上的疑难杂症时，都会想听听我的意见。

一天我刚踏进健身房，圆圆妈妈就立刻迎上来低声问我：

“能跟你单独谈一下话吗？”

然后在急匆匆把我拉出健身房后迫不及待地说：

“圆圆老师今天找我去学校谈话，说圆圆在学校偷拿了同学的金项链。”

“爸妈怎么能让一年级的孩子，带这么贵重的东西去学校呢？”

我第一个反应就是如此，圆圆妈妈也点头称是，但据老师说，是孩子为了向同学炫耀她姥姥送她的生日礼物，在父母并不知情的情况下偷偷带去学校的。在第二节下课时，发现金项链不见了，老师在让拿了这位同学金项链的同学自己承认错误不果下，决定搜查每位学生的书包，结果在圆圆的小钱包里发现了金项链。圆圆不承认自己偷了那金项链，只说是她在地上捡到的。

“我真觉得太丢脸了，偷了人家东西还撒谎！”

圆圆妈妈气急败坏地说。

“我认为圆圆没有撒谎，一定是她在地上捡到的。”

“就算是捡到的，这么贵重的东西，也应该还人家啊！”

“圆圆不知道她捡到的这条项链是很贵重的，她以为跟她平常捡到的橡皮擦、铅笔、发卡等一样是可以占为己有的东西。”

“圆圆怎么会有这样的观念？我可没这样教导过她啊！”

我笑了笑，将话茬一转说起自己孩子在读幼儿园时，曾有几次，我在他的衣兜里找到一些不属于他的东西：一颗纽扣、一粒弹珠、一块用了一半的橡皮擦、一根彩色的皮筋……虽然都是些不值钱的小东西，但我还是问了他这些东西的来源，他不是说是小朋友给他的，就是说是他在教室或游乐场地上捡的。

起初我在得知这些东西的来源，并非是他用不正当的方式得来的就安心了，并没有制止他去捡取这不知是谁掉的或不要的东西；也没有教导他在捡到东西时要交给老师，不能把它变成自己的东西，直到某天在一本书上看到一句台湾俚语：

细汉偷针，大汉牵牯。

其意就是说小孩随便拿人一根针，家长如果忽视，不予教导，小孩长大后就会成为一个偷牛的贼。

我立即醒悟到，当孩子幼小时，如果轻视了教导孩子不可任意将捡取到的东西占为己有，孩子迟早会因为没有建立“他人物”与“自己物”的正确观念，养成从“地上捡的”变成“桌上拿的”，再发展成“抽屉里拿的”、“皮包里取的”、“口袋里掏的”……这些不告而取的偷窃习惯，并且在偷出瘾后越偷越大，最后真正变成一个惯窃。

在说完我的育儿经历后，我问圆圆妈妈在发生圆圆拿同学金项链这件事之前，圆圆是否有经常带些不属于她的东西回家？圆圆妈妈点头称是，并说她在发现这些东西时，也曾问过圆圆这些东西是哪来的，圆圆都说是捡来的；圆圆妈妈甚至还在带圆圆在小区玩时，看到她在小区的游乐场、公园，捡人家掉在地上的一些小珠子、亮片等东西玩。有一次，圆圆还捡了一条断了一半的手链，圆圆妈妈不仅让她带回家来，还帮她修理好让她戴着玩。

回忆起这件事，圆圆妈妈露出羞愧的表情说：

“肯定是我那次让她将手链捡回来，还帮她修好给她戴在手上，让她以为只要是掉在地上的，谁都可以拿去变成自己的东西……我自己犯了教育上的错误，还怪孩子不好，真是对不起孩子啊！”

郜妈老实招

小孩子年纪尚幼时，对你、我物所属的观念薄弱，父母必须随时把握时机，给予孩子教导。

因此，如孩子在外面捡取地上物、强取或霸占旁人的玩具食物、在游乐场强行推挤其他孩子抢夺游戏器物等行为出现时，父母一定不要以为那是——长大了再教，或长大了自然就会明白的“小事”，因为“魔鬼就是藏在细节里”。

而这些有关品德方面的“细节教育”，必须在孩子如同小树在生长时，就要像浇水灌溉般，一点一滴地提供给他品德上的养分。

9 不要让自己成为引诱孩子偷钱的元凶

郜妈爱说笑

老师向学生解释“诱惑”这个词的意思：

“就是明明知道不应该，但就是想要拿小刀从扑满的投币口里掏钱，这就是‘诱惑’。”

小明听了点头道：

“嗯，这个主意不错，回家去试试。”

郜妈侃一侃

这是女儿八岁时发生的事情——

总是一回家就把钱包随手扔在玄关柜上的丈夫，发现钱包里少了一千元。

“是你拿了我的钱吗？”

他分别问了家里的三个“嫌疑犯”——

我、十一岁的儿子与八岁的女儿，每个人的回答都是“没有”。

但我留意到女儿在回答“没有”时，眼睛不敢望着她爸爸，我心里就有底了，但如何让女儿认错且悔改？我却一点谱都没有，于是打电话向一位相熟的亲子教育专家朋友请教。

朋友在听完我的述说后，第一句话居然是：

“你女儿会偷钱，错在你丈夫把钱包随意放置，这在法律上称做‘引诱犯罪’！”

“我丈夫一直都有这种乱放钱包的习惯啊，但为什么只有女儿受引诱，她的哥哥却不受到引诱而偷钱呢？”

“这跟每个孩子天生的个性与年龄大小有关，孩子的物质欲较强，或年龄较小还不太分得清你物与我物的界限，就容易犯错了。”

朋友还提出两个与孩子沟通的原则给我作参考——

1. 千万不可采用“审问犯人“的方式来“提问”女儿，强逼她认错，建议用比较和缓的方式去“点”她，让她知道父母清楚她犯错误了。

2. 一定要弄清楚她偷钱的原因，才能想出杜绝此项行为的方法。

“至于用什么方式去跟你女儿谈，你是她母亲，应该会比我这个外人更了解适用的对策。”

专家朋友的这番话，安定了我这做妈的在初知女儿偷钱时，涌上心头的一些纷杂想法——

真丢人，自己竟然会教育出一个会偷钱的孩子！

小小年纪就有偷钱的恶习，长大了还不犯更大的错误？

静下心来的我决定跟女儿做一个“母女单独约会”，请她去西餐厅吃她最爱的牛排大餐。

我耐心地等待女儿享用了一顿丰盛餐点，显出心满意足的放松模样后，才以不经意的口吻说：

“爸爸前两天皮包里不是少了一千块钱吗？他怀疑是不是我们家的小朋友拿了，我跟爸爸说，我相信我们家小朋友一定不会随便拿人家钱的……”

我注意在言谈中，绝对不用“偷”这个字眼，以免造成女儿心理上的阴影。我发现女儿在听我提起爸爸少钱这事时，眼睛就低垂下去不敢看我，我进一步确定这钱肯定是女儿拿的，我决定给她保留面子，不去要求她向我承认错误，于是便将话锋一转：

“你的零用钱够用吗？”

女儿哭起来，抽抽搭搭地说：

“就是不够用啊！”

“怎么会不够用呢？我给哥哥的零用钱跟给你的一样多，怎么哥哥都没有说不够用呢？”

“因为我想买一个手提音响，还有一块表！”

“家里已经有一台音响，可以让你听故事和音乐，你为什么还想要买一个手提音响呢？手表你也已经有两块了，也不见你戴它，为什么还要花钱再去买手表？”

“那个音响总是被哥哥霸占着，听他喜欢听的故事和音乐，我如果能有自己的手提音响，就可以高兴听什么就听什么了；那两块表是你和小阿姨选你们自己喜欢的样式送我的，都不是我喜欢的，我想去买一块自己喜欢的表！”

“这两样东西真有这么想要吗？”

女儿点点头。

“好，那你先选择一样你最想要的，妈妈带你去买。”

女儿惊讶地看着我问：

“真的可以买吗？”

“真的可以，不过由于这两样东西家里都有了，所以在妈妈的预算中都不是非买不可的‘必需品’，因此买这东西的钱，妈妈可以先借给你，你每个月来摊还这笔借款，你愿意吗？”

女儿点头应允，选择先买手提音响，我便领着她去百货商城选购。大概是考虑到这笔费用需要事后摊还，女儿选择了一个中价位的商品。

回到家后，我拿出一张纸，要女儿写下欠条，注明每个月预备归还的金额，并让她签下姓名摁上手印。

女儿这笔欠债在六个月后还清，在还清最后一笔款项时，我把欠条还给她，并且愿意再借一笔钱给她买手表，女儿却婉拒了我的好意。

“我不要买手表了，因为每个月要还钱实在很痛苦。”

“可是你不是很想要一块自己喜欢的手表吗？”

“也没那么想啦，而且我也不是那么爱戴手表，就算买来了，我最多也只会戴几天就不戴了。”

女儿再也没犯下任何不告而取的错误，并且养成了购物前先停下想一想是否一定需要，还有观察物品质量差别与比价的习惯。

我们家的那个老爷，也为了避免成为“引诱犯罪”的祸首，而改变了我说了几百遍他都不肯更改的乱放钱包的毛病。

郜妈老实招

孩子犯错误时，虽然不可轻忽，但也不必要把那“结果”放大为“罪大恶极”，延伸想得太坏太远，以免在造成自己吓自己的恐慌与罪恶下，对孩子做出太过严厉的处罚；而应把关注的重心放在“为什么他会犯错”的原因上。

跟孩子做沟通时，最好采取“软着陆”的方式，就是先进行一些能让他心情愉悦放松的活动，如吃饭、说故事……并挑选适宜的时机，采用“一对一”的方式；在用词遣句上也要避免使用伤害孩子自尊心的言词，或将他的行为冠以充满羞辱性的如小偷、骗子、坏孩子等名称；只要感觉到孩子知道自己犯错知耻就行，没有必要一定要逼孩子承认错误，给他留些颜面和自省的空间。

10 孩子逆反，是提醒父母我在长大

郜妈爱说笑

父亲狠狠地揍了大华一顿后说：

“知道吗？我会这样揍你，是因为我爱你！”

大华摸着被揍得肿痛的屁股充满委屈地说：

“我知道，爸爸，但我希望你下次不要给我这么多的爱！”

郜妈侃一侃

七岁的小侄子不肯好好吃饭，他的妈妈由一开始轻声细语地劝，到最后忍不住“河东狮吼”还是无效，在一旁瞧戏的我动了个实验念头，我趴在小侄子的耳边悄悄地说：

“再不乖乖吃饭，明天送你上学时就要跟老师说。”

原本孙猴子般的小侄子，立刻像被套上了金箍圈，收敛起顽皮的模样，规规矩矩地吃起饭来。

“二姐，你刚才跟我家那小猴子说了啥？让他立刻就乖乖听话了，快教教我！”

“就是抬出‘告诉老师’这个尚方宝剑啊！”

弟妹一听哈哈大笑起来：

“没错，他最怕我说‘要告诉老师’！真是奇怪，这句话为什么会这么管用？”

的确，许多父母都会发现，孩子特别怕家长跟老师告御状；也发现一些在家里任性、不讲理，任凭家长好说歹说也不肯听话的孩子，在学校里却是听话的乖宝宝；一些刚入学的孩子更是喜欢将“老师说”常挂嘴边；老师的话被孩子们奉为“圣旨”。

由于孩子如此把老师的话当回事，因此，老师们经常会被妈妈们拜托：“给我家 ×× 说一说，要他在家少玩游戏机，要他不要光吃零食不吃饭……”甚至请老师跟孩子说说要他把父母的话当回事……

为什么同样的一句话、一件事，老师说就比家长说管用？

固然，诚如许多从事教育工作的专家学者所说的，因为老师所接受的教育训练，让他们懂得如何去说和教，孩子才会听；以及老师不太会受到情绪影响，而能把握住教育原则的一贯性，不似家长在教育孩子时，往往会被情感左右理智，形成时宽时松或“止于嘴上严厉”的管教方式，久而久之，孩子自然养成在校和在家“两面人”的习惯。其次，就是孩子在入学后，“眼界”一下子变得宽广了，发现学校里老师无所不能、无所不知，会的本事不仅比自己父母多许多，还有权力让众多孩子受他管，不由生出崇拜之心。

另外学校犹如一个小型社会，在这小社会里要成为“重心人物”，必须得到“当权者”——老师的青睐，只有比别的孩子表现得更乖巧聪明懂事，才会博得老师的特别垂爱，受到老师所给予的一些“管人”的特权，比如小班长、小组长之类的职务。而在家里则不需跟任何人竞争，一切都是他最得宠他最大，因此，人小心眼却并不少的孩子，自然觉得没有必要那么努力地去做个好宝宝。

我的两个孩子自然也经历过这种将老师的话奉为圣旨的阶段。一开始，我这为娘的颇感失落，尤其是那一向唯父母命是从的儿子，表现的反差最大。他开始变得顽固倔犟，事事都有自己的主意，成了一个经常把“为什么！为什么要我这样做”和“我们老师说的不是这样的，你说的都不对”振振有词挂在嘴边的小反对党，让他做什么事，不是置若罔闻、再三磨蹭，就是要谈判再三……儿子这种不受管教和一下子将母亲低视为“愚母”的状况，真让将养孩子当作从事事业般认真努力的我萌生极大的挫败感。

是不是所有入学后的孩子都会这样呢？我在了解了一些专家学者的说法后，自己也观察出了一个引发孩子如此言行的心理因素——

孩子的入学，如同蔬果被“催熟”，让他在外表与心理都有了“长大”的意识，于是便想尝试用唱反调的方式，来向人昭示自己不再是听人摆布的小娃崽，试验的对象自然是从最疼爱和最能包容他的父母开始，而在搞“小逆反”的过程中，为了替自己的所言所行撑腰，往往就会抬出父母也尊敬的老师。

所以入学越早的孩子，他被催熟的年纪经常也会提早，这“小小逆反期”就是在提醒父母要改变自己与孩子互动的方式；督促爸妈也要跟着孩子一起成长学习。

郜妈老实招

pk 孩子逆反的招数有：

1. 在要求孩子的同时，也要注意到自己是否犯过同样的过错而不自知，要以身作则，给孩子树立一个学习的好榜样。

2. 被孩子推崇有加的老师，除了可以作为父母学习正确教育法的榜样，还可以成为一个在教养孩子时能借力使力的好帮手，做爸妈的只要能主动积极地去配合老师们在校所推行的教育活动，就能收到事半功倍的管教效果，感受到“爸妈的话，孩子一样会听”！

第二章
两性教育从出生的第一刻开始

常在欧美电影中看到，当婴儿一被生产出来时，医护人员就会立刻将还未清洗的婴儿塞进母亲的怀里；如果爸爸在一旁陪产的话，也会被要求抱抱婴儿。欧美医学专家们的一篇观察研究报告提到，婴儿打从出生的那一刻起，就对肉体的快乐有所感觉，而初生婴儿通过跟父母肉体的接触，可以立刻感受到父母充满欢欣的爱。孩子就是通过这些轻柔的触摸和搂抱，来学习如何爱人与被爱。

1 小娃本色

郜妈爱说笑

军人的黎爸爸，把家中每个地方都冠上跟军事有关的名称。

比如说：厨房称为“后勤补给中心”，客厅称为“军事情报站”，儿子卧房称为“男兵宿舍”，女儿卧房称为“女兵宿舍”——

以此类推，大家都猜想他们夫妻的卧房应是“司令部”了。

错！

挂在黎氏夫妇房间门上的牌子为——新兵培养中心！

郜妈侃一侃

林妈妈替三岁的儿子洗澡，小家伙突然对自己胯下的两个睾丸有了疑问：

“妈妈，我这两个‘蛋蛋’是做什么用的？”

林妈妈说：

“将来给你生小娃用的！”

小家伙一听，蹬着脚哭起来：

“那不够用呀！我将来要生三个小娃的！”

因觉得这事挺有趣，回家便立刻讲给当时读小学一年级的儿子和四岁的女儿听。儿子一听就哈哈哈地嘲笑道：

“笨死啦，人是胎生的，又不是卵生的！”

女儿也咧着小嘴跟着笑，但两人大笑了一会后，一齐又歪起头睁着小眼睛问：

“那‘蛋蛋’是拿来做什么用的？”

徐妈妈的六岁儿子，有天从幼儿园回来，一进门就对父亲大声招呼道：

“嗨，精子你好！”

又冲进厨房对母亲喊：

“嗨，卵子你好！”

正拿着菜刀切菜的徐妈妈，给悚得那把刀差点没落到脚背上。

夫妇俩“相看两不厌”的双眼皮瞪单眼皮地互瞪了半天。单眼皮的徐爸爸瞪输了，只好硬着头皮来提问：

“谁教你这么跟爸爸妈妈打招呼的啊？”

“老师啊！”小家伙脸色平常地说，“老师跟我们说，小朋友就是爸爸的精子和妈妈的卵子碰在一起才有的。”

徐爸徐妈的心再度坐了趟云霄飞车，用双眼皮和单眼皮又再玩了次“剪刀石头布”，单眼皮的徐爸爸又输了，只好再负责发问：

“老师有没有跟你们说，爸爸的精子和妈妈的卵子是怎么碰在一起的？”

“没说，可是我跟老师讲，我知道是怎么碰在一起的！”

徐爸徐妈俩脸上“腾”地一下飞起了红云，心里直打鼓：

“莫非，昨晚在做爱做的事时，被小家伙给看到了……”

谁知徐小弟的回应是：

“我说，在爸爸妈妈肚脐中间插根吸管不就过去了！”

对于性，自古以来中国人多半是犹抱琵琶半遮面地只可做不可说，或“只许偷看，不能公开讨论”。

所以，即便两岸学校教育中都已将“青春期教育”列入中学课本内，但那用一大堆专业术语讲解男女性征的课文，老师不是要学生们“自己看看”，就是照本宣科，随便讲讲；许多学生甚至在课本刚发下来时，那一章就被父母撕掉或用糨糊给粘起来。甚至听说某省教育单位为了防止学生早恋，下令将“牛郎织女”的神话故事从课本里删除。

因此，虽然已从“跟男生牵手就会怀孕”的无稽思维中，进化到了“小孩都生下来了”，但是如何跟自己的孩子谈男人的蛋蛋，说明“精子和卵子怎么碰在一起的”，应该还是会让许多父母脸上出现三条直线吧?

部妈老实招

通常，孩子会提出“我是从哪里来的”如此让许多父母立刻舌头打结的问题，多半是在四岁左右。因为这时候，正是孩子开始对“男生为什么有小鸡鸡”、“女生为什么会有大奶奶”之类的问题充满了观察的兴趣，所以对孩子最恰当的性知识教育，应该从四五岁就开始。

推荐由二十一世纪出版社出版的《一只想要当爸爸的熊》的绘本。这是一本可以引导孩子去讨论“孩子究竟是从哪里来”的性教育书籍。

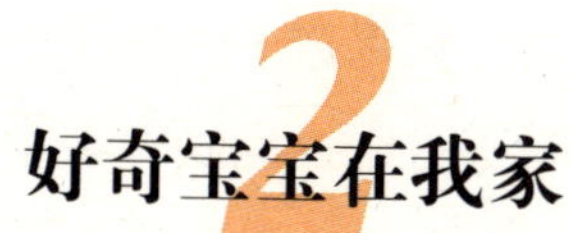

2 好奇宝宝在我家

郜妈爱说笑

上作文课时，老师指派的作文题目是：我的愿望。

小花奋笔疾书地写着：

我第一个愿望是希望有个可爱的宝宝，第二个愿望是希望有个好丈夫……

作文簿发下来后，只见老师在评语处写道：

请注意先后秩序！

郜妈侃一侃

我的大弟自小就是一个积极的观察家。当他在读幼儿园时，下课最爱干的事，就是领着一群小男生，去女生厕所偷看她们尿尿，因为他很想知道，为什么女生不是像他们男生那样站着小便，而要蹲下去尿。

女儿四岁时，也问她哥哥说：

“为什么我不能像你一样站着尿尿？”

儿子就说：

“那你站着尿呀！”

女儿就站着尿了——

结果尿了一裤子！

这件事让我明白，这时期的孩子，他们经常是用天真的想法来发问，我们大人其实只要像打乒乓球般地，把问题拍回去让孩子先去思考。

我很庆幸，当时女儿问的不是我或是她的爹，而是跟她年纪相仿的哥哥。

因为，我很可能会对她的提问，以成人的思维方式复杂化了回答。

正如我在《小娃本色》一文中所说，朋友夫妻没有急着拿出性教育大全来给孩子上课，而是反问他：“知不知道精子和卵子怎么碰在一起的？”当孩子回答“肚脐眼中间插根吸管就过去”后，并没有再提出新问题时，做父母的就不必去给孩子作太详细的说明，等到下次他若再度“想起来这回事”时，才用他能理解的、简单扼要（千万避免长篇大论）的言语来回答他——

“爸爸的精子是从阴茎出来，然后注进妈妈的阴道里。”

接下来父母可能要面对的，会是让他们脸上再生三条直线的孩子霹雳问：

“那爸爸是什么时候让精子注进妈妈阴道里去，做出我这个小娃娃的？”

“我们是选一个没人吵、彼此又很高兴的时候。”

没有必要把性交的整个过程告诉孩子，并且可以补充说明，爸爸妈妈在一起的事，是很私人的事，不可以到处去问人家和跟别人说，是会被人认为没礼貌的。

至于——孩子是怎么生出来的？

可以清楚地告诉他：“是从妈妈尿尿旁边的一个管子里生出来的。”

大部分的孩子都会吓了一大跳问：“那一定会很痛吧？”

妈妈可以诚实地回答他：“是！”

除非他问有没有流血，才提到有流血之事，否则不要主动提及，免得吓到他们。

也没有必要应允孩子看“他们生出来的地方”，可以画一个人体或以人体图绘书来作解说。

对于孩子对男女性器官好奇的提问，千万要避免暧昧含糊的回答，不然会让你“丢脸丢到太平洋”。

有一次，我们几个家庭办聚会，一个五岁大的小女孩在场子里乱窜地到处找大男人、小男生提问：

“你也有像我爸爸那样的‘宝贝’吗？”

大家都不清楚她问的“宝贝”是什么东西，只有他爸爸最心知肚明。

因为女儿曾不小心看到他的阴茎，便好奇地问道："这是什么？"他用"嘴里含着颗鸡蛋"的方式说："那是男人身上的宝贝。"谁知小女孩太有爱迪生精神了，不满足爸爸糊弄的方式，所以为了弄清楚心中的疑问，才会发生这样"不耻下问"的事。

若当时，父亲能清楚明白地以正式的性器官名称告诉她"这就是男人的阴茎"的话，孩子的好奇心在获得满足后，也就不可能会到处寻求解答了。

我认识的一对朋友夫妇，从不避讳在孩子面前裸露身体，还经常"一锅下"地跟孩子一起泡汤，认为如此坦荡荡地向孩子展示男女大不同，是最自然的性教育法，但专家们却对这种性教育法大不赞同。

因为根据他们的调查研究，孩子们在看见爸妈的裸体时，往往是会产生无法满足的性欲和性器官的亢奋。所以不鼓励父母和孩子共浴，不准许孩子在旁观看父母裸体换穿衣服或如厕，认为这样做会让孩子生出混乱的性幻想，造成他们在成长后的性观念和行为的混乱。

所以，如果在换衣服或洗澡时，孩子意外侵入，瞪着小眼想要把我们的裸体"看清楚瞧明白"，以满足他们的好奇心时，父母一定要温和且坚定地将他们"请出去"，并且在事后告诉他们：

"我知道你想要看清楚我们大人的身体是什么样的，我可以说给你听，我们也可以一起来看人的身体构造图，你有什么疑问尽可以问，我来回答。"

如此的处置法，既不会扼杀掉孩子的好奇心，更不会堵死他们的好奇心，只会将他们的好奇心引导到正规的轨道上去。

郜妈老实招

孩子的未来必将扮演恋人、夫妻的角色，生殖健康、性心理健康教育是否能得到良好的教导，将决定他们能否获得正常、幸福的生活。而家庭应该是孩子性教育的第一课堂。

3 台湾小朋友流行的“神奇纸巾”

郜妈爱说笑

几个七八岁的小男孩决定凑钱买玩具，七凑八凑之下凑了二十元。

“二十元可以买什么呢？”其中一位问道。

“我们可以去买卫生巾！”另一个回答。

“卫生巾有什么好玩的？”大伙儿一齐问他。

“我也不太清楚，不过电视上说，有了它，就可以爬山、打球、溜冰，自由快乐没烦恼！”

郜妈侃一侃

六岁的小外甥女在我兜里翻出来一包卫生巾，好奇地问道：“大姨妈，这是什么？”

“那是大人用的尿片！”

“大人不是长大了吗？怎么还要用尿片？”外甥女歪着头，小眼睛里充满了疑惑，“而且它这么小一片，大人屁股都很大的！”

“乖，放回去，不要乱动大姨妈的东西！”

姐姐和我交换了个既尴尬又忍俊不禁的笑容。

外甥女却舍不得放手，向我央求道：

“可以给我一片做包我洋娃娃的尿片吗？”

这个当年向我要“大人尿片”包洋娃娃的外甥女，现在已经长大在做小学老师了，换她被她带的那群孩子们给捉弄得经常脸上布满“三条直线”。

像近日一次见面时，她说起她班上的孩子最近刮起了一阵使用“神奇纸巾”风。

“大姨妈，你知道这被小朋友们超爱的‘神奇纸巾’是什么吗？”

外甥女脸上闪着促狭的笑容问，但不待我回答，她就忍不住大笑地说出谜底：

“是卫生巾！”

据说带领起这个“神奇纸巾”风潮的，是一个好奇心特强的男学生。

他在发现母亲放在厕所内、电视广告上经常看到“一杯水倒下去立刻就不见了”的卫生巾后，如获至宝立马带到学校，向同学“示范”它的神奇吸水功能。结果各种不同品牌的卫生巾，就在班上每个小朋友的书包里出现了。

他们还很有创意地发明了——

“量少型”的，可以拿来垫在铅笔盒里吸圆珠笔墨；“白日量多型”的，最适合垫在毛笔盒里吸墨水；两块“夜安型”的合在一起，恰好是一个餐盘大小，能用来放营养午餐盘子，这样餐盘下的水珠就不会弄脏桌面……

后来又发现了卫生巾还可以这样用——

可以当鞋垫用——因为卫生巾吸汗力强，且随时可以更换，并具除臭效果。女生用标准型，男生用夜安型，小孩用“量少”型护垫。

我听了，觉得在被打败之余，真想提建议给出产卫生巾的公司，让这些小娃娃们来担任他们产品的行销创意顾问。

也免不了杞人忧天地想，当这些孩子们长大到有的人“大姨妈”来了时，她在慌乱之余，能否聪明得立刻联想到“神奇纸巾”的真正功效呢?

现在的孩子由于营养好，有些女孩在小学四年级左右就开始来月经。我女儿的初经就是在她四年级要升五年级时的那年暑假来的。

当时，我正带着她在泰国旅行，在一整天疲累的行程结束返回旅店后，进入浴室的女儿突然大声哭叫起来：

“妈，快进来呀，我受伤了，流了好多血！”

我立刻冲进去，看见女儿满脸惊慌地指着被她抛在地上的血迹斑斑的内裤。看到此幕情景，令我想起女友说她初次来月经时，以为自己得了“流血病”要死了，哭哭啼啼地在房间写遗书的陈年往事。我以为自己的女儿不会受到这种惊吓的，因为我在她小学二年级时，就跟她讲过有关月经的事，她怎么还会有这样的反应呢？

为了减低她的恐惧，我装出大大的笑脸说：

“恭喜你，女儿，你变成大人了！”

并将这喜讯跟同去的一些女朋友们说，大家都很配合地向女儿道“恭喜”。有人立刻从兜里掏出卫生巾送给她，教她如何使用；有人送她巧克力，说吃了能减轻来月经时肚子的胀痛；还有些阿姨、婆婆们，叮咛女儿月经期间不可以吃冰冷的食物饮料、最好不要洗头等常识。

望着女儿稚嫩的脸蛋上重新漾起无忧无虑的笑容，我合手称庆女儿第一次“大姨妈”来时，我能陪伴在她身畔。

郜妈老实招

要把卫生巾使用法当作是教孩子上厕所后，如何用卫生纸擦屁股一样，不是纸上谈兵地去教，而必须“实地演练”。

4 小红帽不要遇上大野狼

郜妈爱说笑

小新露出他旁边画了两只大耳朵的小鸡鸡，去吓唬一个小妹妹。

“大象，看大象！”

小新抖着屁股嬉皮笑脸地向小妹妹大叫道。

小妹妹用小眼睛仔细地观察了好一会，然后像发现新大陆般地欣喜响应。

“真的好像耶！送我好不好？”

“不要！”小新吓得提起裤子，赶紧一溜烟跑走。

郜妈侃一侃

女儿读小学四年级时，《蜡笔小新》的漫画被小朋友们列为必看读物，没有看过这漫画的小朋友，会觉得自己是外星人，其他小朋友说的话，他会“有听没有懂”。

所以，虽然我很不欣赏这个动不动就暴露小鸡鸡、摇摆着屁股唱着“大象，大象”，或没事就掀妈妈或同班女生、老师的裙子，口出“色色”的话，被我鄙视为“变态”小孩的小新，但为了让女儿跟同学有话可说，因此，当从女儿书包里翻出一本《蜡笔小新》时，我只得先用手把因为吃惊而错位的五官给拉回正常位置后对女儿说：

“妈妈不太喜欢你看这种漫画，因为怕你看了后，学小新那样捣蛋和乱说话，妈妈可受不了！”

“哎呀，别紧张啦！”女儿做出“樱桃小丸子”的手势说，“你又不是美雅妈妈！”

她的意思是说，因为我不会像美雅妈妈一样，对小新的顽皮行为和言语表现出那么激动的反应，一点都不好玩，所以她不会像小新那样，把“逗妈妈生气”当作一项娱乐。

不过，虽然去除了女儿会变成小新的疑虑，但——

谁知道他们班上有没有像小新的男同学？！

于是，选了个黄道吉日，去女儿班上“视察”。

到学校时，恰逢下课时间，只见女儿班上的那些小男生小女生，把他们老师当成棵大树，当自己是小猴子样地在老师身上攀爬。

看到这幅“师生乐”图，我先是忍不住掩口乐，继之又心生忧虑——

因为当时台湾媒体正如火如荼地连续报道了一些男老师性骚扰女学生的事。

已经来了月经，身体发育得像个少女，但心理上还停留在小孩的女儿，会不会“不懂事”地也在老师的身上爬来爬去呢？

我慌忙左观右看、寻了又寻，欣慰地发现，女儿并没有跟那群小猴子一样挂在老师的身上，而是在旁边咧嘴笑着，不由沾沾自喜，认为肯定是平日性教育成功，让女儿了解到“男女授受不亲”的规范，才能表现出如此大家闺秀的风范。

因此，女儿放学回家后，立刻给予表扬。

谁知，女儿却睁着疑惑的双眼说：

“妈妈，其实今天没‘挂’在老师身上，是因为跑得太慢，又挤输给了同学……”

哇咧！

朋友家六岁的女儿玲玲，也曾做过一件让她爸妈脸上出现“三条直线”的事。

有天，把爸爸当“贵妃榻”来卧的玲玲，突然把她的小手伸进爸爸的无袖汗衫里东摸摸西摸摸，还用“色色”的口吻和表情说：

“把拔（台湾小孩喜欢将“爸爸”发音为“把拔”），我给你‘性骚扰’哟！”

玲玲爸爸立刻脸色大变，一把将玲玲的手从他衣服里拉出来，同时用雷打般的声音问：

“说，在学校是不是有哪个男生或男老师这样摸你？”

玲玲吓坏了，一溜烟地爬脱爸爸身上，躲到坐在旁边的妈妈怀里。

妈妈瞪了爸爸一眼：

“吼什么呀你，看把孩子吓的！”

爸爸回了妈妈一眼：

“我是急啊，担心是谁把我们家宝贝给‘那个’了！”

“玲玲呀，你知道什么叫‘性骚扰’？”妈妈小心翼翼地问。

玲玲摇摇头。

“那你怎么知道‘性骚扰’？”

“看电视上说的。”

“那你知道什么叫‘性骚扰’吗？”

玲玲又摇摇头。

“就是男生要你把衣服拉起来、裤子脱下来，看你的身体、摸你的身体，或抱你、亲你。”

“那你上次带我去看医生，还有在学校时，医生叔叔都有叫我把衣服拉起来，还有把裤子脱下来打针，算是‘性骚扰’吗？”

“不算，那是因为你生病了，要检查身体，并且有爸爸妈妈和老师在旁边陪着，不算。”

“被男生抱抱和亲亲也不可以吗？”

“不可以！”爸爸斩钉截铁地说。

“那以后爸爸就不可以抱抱和亲亲我了，因为爸爸是男生。”

小丫头丢了个“变化球”出来。

“这……可是爸爸是你爸爸，不一样；还有……爸爸因为好爱你呀！”

“可是我同学、老师，还有姥爷、阿公……他们也是好爱我啊！”

郜妈老实招

对一个小孩谈“性骚扰”，还真是件令人头疼的事，不仅深浅难以拿捏，而且对付他们随时丢出来的“想都想不到”的奇怪问题，往往会让父母张口结舌，或讲到最后连自己都被弄糊涂了。

所以只要告诉孩子——

你的身体，自己有权决定给谁看、不给谁看；也有权去决定给谁触摸、拥抱、亲吻甚至呵痒。

所以，当有人碰触你的方式，让你觉得不愉快或怪怪的，或是对方要你做一些你不想做的事，都是“性骚扰”。

立刻要大声地说：“我不要！”并且马上跑离那个人。即使对方是你认识、喜欢，或与你同样都是男生或女生的人。

若是对方不肯停止那些让你不愉快的动作，或是过了不久又来骚扰你，你就一定要去告诉你所信任、肯听你说话的大人。

不管他用威胁或欺骗的手段，要挟孩子不可说出，都一定要说出来。

可以用一个洋娃娃作示范，指出若是有人（不论是男的大人或女的大人）触碰到那些部位，或是看到其他小朋友被人触摸那些地方，就一定要跟大人说。

要叮咛孩子（不论男女），去厕所等较少人去的地方时，一定要有人陪伴；上、下学也最好结伴而行，并且不要走人少的路。

在学校若是老师要她跟着去办公室以外的地方，就提要求让其他同学一起陪着去。若被要求单独留校，就说要跟妈妈爸爸打电话说一声。

5 父母有没有教，真的有差别

郜妈爱说笑

小呆暗恋隔壁班的一个女孩，有一天，他终于鼓起勇气写了一封匿名信给她。

朋友就问小呆："她的反应怎样？"

小呆："很激动。"

朋友："哦，那很好嘛，接下来呢？"

小呆："她就去报警了……"

原来，小呆的匿名信是用报纸或杂志上的字一个一个拼凑上去的，上面写着："我已经注意你很久了……"

郜妈侃一侃

当在网上看到某个城市的教育单位为了防止孩童早恋，下令将"牛郎织女"的神话故事从课本中删除这则新闻时，我惊叹道："这太杞人忧天了吧？才念小学哪会去谈啥子恋爱！"

但一旁的上海女友却说：

“现在的孩子性早熟，我女儿才小学四年级时，班上就有不少同学在偷偷摸摸地谈对象了，还有一个五年级女生怀孕了呢！”

我听了大吃一惊，跟在台湾做过许多次小学五年级班主任的外甥女提及此事，外甥女以见怪不怪的平淡口吻说：

“我带过的几个班几乎有一半以上的孩子，都有‘老公’或‘老婆’。曾没收一些上课时互传情话孩子的手机，上面写的肉麻字句，连我这个结婚生了小孩的人看了都会面红耳赤。我现在最担心害怕、希望不要在我做班主任时发生的，就是千万不要有孩子怀孕！”

曾在上海某大医院实习两年的女儿说，每年的寒暑假是他们医院做人流手术的高峰期，据说每年全中国大陆有超过一百多万的少女做人流手术；在闰七月的那年因为有两个七夕“中国情人节”，意外怀孕和人流手术指数更是超过往年。

其中有位年方十三岁的女孩，听信网上传言上海医院能免费替人做人流手术，因此由跟她同龄的男友陪同，远从广州市来上海做人流；另有位十五岁的女孩，在短短两年内，就已人流过十三次。

自上海开通了“少女意外怀孕热线”后，打电话进来的孩子，已经由两年前“不懂得怎么避孕”、“如何知道自己是否怀孕了”

的初级班，晋升到通过网络、书籍和影视自学成才的中级班，但是进行人流手术的少女却越来越多。

这些负面信息，听得我这既有儿又有女的母亲汗毛直竖，不由得想要对儿女们进行些思想教育。

先对女儿说，但支支吾吾地才开个头，女儿就冷冷地打断我的话：

“妈，我是学医的，知道怎么保护自己！”

又说在医院里看多了那些当初被男友哄着说：爱需透过做才会懂得爱，却在“爱的种子”于女友肚里茁壮成长时却人间蒸发的事。她斩钉截铁地说：

“我不会傻得让这事临到自己头上！”

转而对“性激素分泌正旺盛”又有亲密女友的儿子做教育。

儿子脸一板，气愤地说：

“妈妈，你就这样不相信我！”

为了让这话题能继续谈下去，我只好露自己的馅：

“妈妈也经历过你们这年龄，知道两人在谈恋爱时，总免不了搂搂抱抱亲亲的，很容易就会有生理反应！”

然后小心翼翼地提醒他，在进行性行为时，即便是做了防护措施，但还是可能让女友意外受孕，到时不论是堕胎或是生下孩子，对彼此的未来都会产生很大的影响，尤其是对女孩的身体和心理的伤害更大。

“所以，如果你真懂得爱你的女朋友，就不要做伤害她的事！”

我语重心长地叮咛儿子。

朋友们知道我给孩子们上“保护贞操课”，都笑我古板：

“什么年代了，要提醒的不是保护贞操，而是给他们保险套和避孕丸。”

或许我在“爱情”这块领域的思想，真的是赶不上时代了，因此虽然明知年轻一代心目中的爱情，已有不少变成了一场无情的床上争夺游戏；他们争取的不是一份感情，而是一个男人或一个女人。

但身为一个打从孩子出生那一天起，就每天提心吊胆，怕他摔跤、受伤流血，唯恐他有个什么万一……为他操了几十年心的母亲，却仍忍不住想要问这些在用前卫的姿态满足性冲动的孩子们——

你们是否也在“纯动物”的性行为里，失去辨认“人类”真爱的能力了呢？

当我所撰写的《小娃本色》这篇文章在新浪博客上发表后，曾得到两极化的响应。

主张“不需要讲，孩子大了自然会懂得”的，多半是男性；

做妈妈的反倒都表现出较重视孩子性教育需“正确”启发的意愿。

“性”原非毒蛇猛兽，但如果没有正确的引导，而靠孩子“长大了自然会明白”，那“明白”的代价会极其惨烈。

在对“大环境”无力去掌控的情况下，我们就从净化自己家庭的这一块上去作努力。

郜妈老实招

孩子给父母谈“性”这类话题的“机会”通常很有限。在我个人抚养孩子的经验中，发现和孩子在一些轻松的形态下来展开对谈最为自然有效。如和十岁以上的孩子一起看电视、观看新闻事件；和低于十岁尤其是幼儿时一起看绘本故事时，都是父母可以把握住机会进行教育的时机。

在作性教育时要以开明、温暖而且信任孩子的态度，来作引导和跟孩子作讨论。而当孩子问到一些你自己也并不了解或一时难以回答的问题时，不妨说：“我们可以一起去找找看有没有说得更清楚的书。”

6 “如何教”比“教什么”更重要

郜妈爱说笑

爸爸警告小明不要到那下流的歌舞团去看下流的歌舞表演，爸爸说：

“如果你不听爸爸的话到那种地方去，你会看到不该看到的东西。”

爸爸不说还好，他这么一说，小明愈是好奇，于是第二天他就偷偷跑去看了。

结果，他果然看到了他不该看到的东西——

他爸爸！！

郜妈侃一侃

跟一位故事妈妈到某小学去见习她如何跟孩子讲故事。

当天她讲的是洋溢着轻松俏皮味道，书内文字、图画都有相互呼应巧妙趣味设计，充满着孩子气想象的《一只想当爸爸的熊》。

一只经过冬眠醒来的熊，突然想要一个熊宝宝来陪伴他，但他不知道怎样才能有一个熊宝宝，就到处去问其他动物。

小兔子告诉他，小宝宝是由萝卜田里长出来的；喜鹊建议他去找个蛋来孵；鲑鱼要他撒些糖在窗台上，引诱白鹳送来小宝宝……他虽然不很相信却都一一去试验了，结果都失败了。

当他寂寞地躺在草地上，想着妈妈曾对他说，熊宝宝还未出生前是住在云里的往事时，一只母熊走过来温柔地对他说：

“如果你愿意跟我结婚，明年春天你就可以有一个熊宝宝了。”

我坐在讲台旁的一个角落，跟孩子一起聆听这个故事，也同时观察这些小学三年级孩子的反应。

这些小孩子听着大熊傻乎乎地到菜园里拔萝卜找小熊、想孵出一个小熊却把蛋给坐破了，都嘻嘻地笑起来说：

“好笨的大熊啊！”

但在嘻笑中小脸上却又夹着一丝替大熊伤心难过，并希望跟着大熊一起去探索“怎样才能有熊宝宝”的迫切神色。

故事妈妈在翻到最后一页大熊跟着母熊走进森林的画面时，她说道：

“我们来讨论一下，怎样才能做爸爸？”

有个小男孩作出一个让人下巴都要吓掉下来的回答——

“上床做爱呗！”

故事妈妈的脸色变了一下，但很快就恢复正常地说：

“这位小朋友说得没错，不过正确的用词是‘性交’。我们来讨论一下，是不是不论年纪大小，只要想做爸爸妈妈都可以随便去做？”

接下来，小朋友各抒己见地讨论，虽然多半是学舌大人的童言稚语，但也出现一些超乎意料的语句。比如一个孩子说：

“大家一起来讨论这个问题虽然也不错，但我还是比较喜欢由自己的爸爸或妈妈来跟我一起作讨论。”

他的话像在水中投下了一颗炸弹，立刻激起一些语花：

“我爸爸（或妈妈）打死他们都不会跟我说这些的啦！”

“我爸爸有跟我讨论过。”

大家的头都转向说这话的孩子，也就是刚才冒出“上床做爱呗”惊人之语的那个男孩。

“哦，爸爸怎么跟你讨论的？”

“他让我跟他一起看了个黄色录像片，说小孩子就是男人女人这样上床做爱生出来的。”

“你看这黄片的感觉如何？”

“觉得挺恶心的。”小男孩伸伸舌头说。

“你会觉得恶心的原因，是因为那种黄片的演员故意夸张了许多言语和行为，就像你看搞笑片和恐怖片一样，许多都是故意那样演的。”

讨论到这里时，下课铃声响了起来，我和故事妈妈走出教室后立刻转进了班主任的休息室，将这位男孩家长的不当教育行为反映给班主任，请他一定要跟这孩子的父亲谈一谈，结果这位自认为是“思想开明”的爸爸居然理直气壮地说：

“我的性知识都是由看黄片得来的，我不觉得这教育法有啥不好！”

我的一位台湾女友曾极生气地对我说，她公公送给她儿子入中学的礼物，竟是带孩子去看跳脱衣舞！她跟丈夫抱怨，丈夫竟然说这是对男孩进行“人之初”的最佳实践教育，因为他也是这样被“教育”大的！

听到这些歪门邪道的性教育方式，真让人为之气结。由此可见，在作性教育时，“如何教”永远比“教什么”更重要！

也就是说父母最好能以健康开明的态度、正确的语汇，告诉孩子适合他年龄段知道的性知识，而不是要不涨红脸说不出话来或随便搪塞，甚至斥责孩子，让孩子对性产生羞耻感。

哈尔滨医科大学曾对 1181 个家庭的孩子进行访谈，得到孩子们最渴望获得“性教育”的地方是家庭而非学校的响应。

然而与孩子需求形成矛盾的是，中国父母主动跟孩子谈与“性”相关的话题的比例很低，超过八成二的家长坦言害怕和孩子谈性，五成三坦言不知如何启齿。相对地，也有超过九成的青少年，就算会和爸爸“谈心”，也决不和爸爸“谈性”；另有六成五的青少年，则从不和妈妈谈这方面的话题。

许多家长被问及有关“性”问题时，不是立刻摇身一变成了犹抱琵琶半遮面，扭扭捏捏地说些云里雾里、模棱两可的话，就是因为自己都是个“性知识盲”，无法给予正确引导，甚至不知如何去掌握性教育尺度，才会发生将带孩子去看跳脱衣舞及黄片，视作开明“性教育”方式的荒谬事。

如果，孩子对性充满了渴望，在无法通过正常渠道了解，只有靠淫秽的黄碟和黄色动漫、网络来自学的情况下，怎么可能习得正确的性知识，以及影响一个人和整个社会最重要的性道德和性心理呢？

想指望教育部门能立即提出些教育新措施，让教师们皆能跟学生们去正确解读性教育和性观念，更非易事。因为可能连居教育部门高位或教育政策立法执行者自己本身都还是个“性知识盲”，需要再教育呢！

部妈老实招

究竟该在孩子多大时跟他们谈“性”？没有一定年龄的限制，只要是孩子提出问题时，都是好的教育时机；并且在跟孩子作性教育时，一定要用“正确的性器官名称”。

至于谈性的“尺度”问题，在中学以前性教育的内容重点应放在“事实”的说明，不要说谎或有过多描述，也不必长篇累牍，如当孩子问到“男生和女生为什么长得不一样”时，爸妈可以很温和地告诉中年级以下的孩子，这世界有男人、女人（至青春前期才谈到第三性、同性恋、变性等议题），身体构造不同是因为身负不同任务。若孩子进一步追问：“小娃娃是怎么来到人世的？”

谈到受精和生育，则只要说明：“爸爸把精子放进妈妈的身体，经过九个多月的孕育，就会生下宝宝。”

当孩子进入青春期以后，谈话的内容不必谈太多性行为的过程，改成谈论性心理、性安全、社会责任和法律责任，着重教导关于性的价值观、判断力，让青少年明白亲密关系中隐含的尊重与疼惜。

在实际表达上，不宜太过严肃说教，最好轻松过招，或能寓教于乐，让孩子清楚明白父母的底线在哪里，父母期望孩子对待自己及对待异性的态度是什么。

7 孩子早恋源自父母爱不够

郜妈爱说笑

长相可爱的小芳在班上被众多小男孩所喜爱，某天她回家对母亲说，班上有一个小男孩向她求婚。

妈妈问：

“他有固定的工作吗？”

小芳歪头蹙眉想了一下说：

“有，他在我们班上是负责擦黑板的！”

郜妈侃一侃

几个年过半百的老男人与老女人相聚忆儿时——

“你最早喜欢一个男生或女生是什么时候？”

“是讲早恋吗？”

“你所谓的早恋是什么？”

“嗯，就是喜欢一个人吧！如果这算早恋的话，我的早恋开始得可早了，三岁读幼儿园时我就喜欢上了园里的一个小女孩，睡午觉时一定要挨着她睡，坐座位时也要跟她坐在一起。”

“比起你来我算晚熟，这种早恋我到了小三时才有，每天书包里都会装上两块垫板，十支削得尖尖的香水铅笔，家中园子里栀子花开时，还会摘上一两朵花，这些都是要送给坐在我邻座的那个小女生的。”

这样“纯纯的男生爱女生”如果发生在七八岁之前的小孩身上，父母多半会乐观其成地说“好可爱”而不加阻止，甚至有些爸妈还会在旁推波助澜地促成“小两口”。

朋友读小二的儿子就是在爸妈这样的导引下，某天很郑重地对妈妈说：

“我决定小学毕业就要跟 ×× 结婚，独立过日子。”

朋友听了既好气又好笑，但脸上却不动声色地说：

“可以啊，你若是搬出去住，‘独立’了，那经济上也得‘独立——自己挣钱养家’。我们一起来算算每个月你若是去麦当劳打工可以赚到多少钱，和女朋友两个人一起支付的房租、水电、吃饭……”

这钱一算下来，吓得她儿子立刻打消了早早结婚追求“独立”的念头。

但某一天她这儿子又给她抛了个炸弹：“我什么时候才能跟女朋友‘炒饭’？”（炒饭：台湾年轻人对“做爱”的戏称。）

女友听了头皮发麻心脏都要停止跳动了，但她脸上却仍呈现出云淡风清的神色说：

“你想要的话随时可以,但是跟女朋友‘炒饭’会生小宝宝哟,生了小宝宝你做爸爸了，就没法只要读好书做好功课就可以玩和吃东西，必须去抱小宝宝，给他喂奶、洗澡、换尿片，做好多好多爸爸妈妈要做的事了。”

八岁小男孩一听，脸色大变立刻改变主意说：

“那——还是不要随便跟女朋友‘炒饭’好了！”

看到这里，相信每个爸妈都忍不住笑了，但笑中却又生了新的担忧——

这些人小鬼大的孩子，怎么去防止他们由“纯纯的友谊变质为谈情说爱”呢?

目前,小学五六年级学生就出现“偶像剧男女主角情感现象”的情况越来越普遍，有人说起因是现在的孩子多半身体与心理都有早熟的趋势，但医学界却推出“皮肤饥饿才是促使孩子早恋主因”的说法。

医学专家认为，人的一生当中有三大“皮肤饥饿”期，即婴儿期、青春期与更年期。孩子在婴儿期时，如果能够经常被大人抚摸，日后一定会更聪明与更有安全感、自信心；更年期的烦躁易怒，也正是因为缺少与人的拥抱关爱之故；青春期的孩子若缺乏父母的拥抱，往往会去同龄人中寻找，就容易形成“早恋”。

对于青春期和进入“前青春期”的小学五六年级学生，已经略显出少女少男身形姿态，有些甚至跟母亲一般高了的孩子，父母在面对他们时，其实也挺尴尬的，常会挣扎于能否再像抱小娃娃般地拥抱他们的为难心理中，因为往往只看到了孩子渴望成人的一面，忽略了他们其实一半是儿童一半是成人，依然存在着孩子的心理，希望能常常得到父母的拥抱和更多的关爱。

因此，医学专家们提出防止孩子“早恋”的最好的方法之一就是——

家长要多给孩子爱的拥抱，去满足孩子的“皮肤饥饿”。

而略为观察了一下朋友孩子和儿女同学中闹“早恋”的情况，真的多半是跟父母情感冷淡，或父母太忙于工作疏于经营亲子情感的。

在朋友家看到一本很有意思的少儿绘本《我为什么讨厌吃奶》，书的内容是描述一个小男孩因为看到母亲总是抱着初生的弟弟喂奶，在心里备感不是滋味之下，索性说些吃不到葡萄说葡萄酸的“醋溜”话。

当翻到书近结尾处，脑门被撞了一个大包的小男孩，被妈妈搂到怀里埋进妈妈既香又暖和的乳房上时，小男孩忍耐多日失落与委屈的泪水终于爆发出来，因为妈妈慈爱的拥抱让他明白——母亲的怀抱永远是他最温暖的倚靠。

常爱跟一些新手爸妈作提醒：

“如果养的是女儿，爸爸就要多宠爱着些；如果生的是儿子，妈妈就得多疼着些。”

“为什么？”

“因为这可能是这个男孩或女孩，一辈子就只有那唯一被异性捧在手掌心里疼的感受啊，而这美好的被爱的感受，将会带给他多大的抚慰、鼓励与信心。”

所以，多抱抱你的孩子吧！尤其是当你责骂或惩罚他之后，一定要抱抱他，让这个拥抱使他理解到——

即便我对你的表现不满意，但我还是爱着你！

郜妈老实招

虽然有专家警告做母亲的：不要老是搂抱和逗弄婴儿，说如此会惯坏孩子；但又有专家说不要怕“抱坏”孩子，不跟孩子逗着玩，不常去亲亲抱抱孩子，才会“带坏”孩子；而只要跟婴儿接触过的人都会发现，孩子都喜欢人家用手指去温柔地摸摸碰碰他、呵他的痒、搂抱他……

到底如何去亲亲抱抱孩子才不会“惯坏”他们呢？

当婴儿啼哭时，大人若不去弄清楚他是饿了、尿片湿了或不舒服，就去抱他哄他，很有可能会养成他故意以啼哭来引人注意，达到“被抱”的目的，这就是所谓的“抱坏”了。

抱孩子最好的时机，是喂他奶的时候，以及他乖的时候。久之，孩子就会明白“想要人抱必须乖”的道理。

8 课堂里没有教却是人生最重要的一课

郜妈爱说笑

文夫在发完一顿脾气后，满怀愧疚地对仍温柔以待的妻子说：

“每当我情绪失控冲你发火时，你都从不发怒，难道你一点都不生我的气吗？还是你有什么控制怒气的妙方？”

妻子：“每次你一对我发火，我就去刷马桶。”

丈夫：“刷马桶能发泄怒气吗？”

妻子：“能的，因为我是用你的牙刷来刷马桶！”

郜妈侃一侃

四十多年前一别后多半再也没见面的小学同学，终于在一位同学的热心寻找联络下又相聚了。我们这些“少小离别老大方重逢，鬓毛皆已衰”的老同学们，相见谈着儿时往事，旧人时有欢欣也有着不甚唏嘘之处。而当天最让许多男同学追怀嗟叹的一个遗憾，就是一位当年在他们心目中被列为“梦中情人”的女同学“蓉蓉”居然没到场。

跟蓉蓉当年是铁姐妹关系的“灵”大叫道：

“怎么可能是梦中情人，你们这些臭男生以前不是老轮流变着花样来捉弄欺负她吗？”

“哎呀，打是情骂是爱嘛！这个你都不懂！”

“无聊，谁知道你们这些臭男生肚里的那股坏水啊！反正蓉蓉被你们捉弄得总是哭，每天害怕上学。”

那群不是头上发线往后挪移大半个地球面，就是挺着个怀胎四五个月肚子的老男人们，脸上全都泛起了青春年少的腼腆红潮嘿嘿地笑起来：

“小嘛，不懂事！不知道怎么让喜欢的女孩‘看到’自己，就笨头笨脑地用粗暴的方式啦！”

“还有对女孩太温柔，若被发现了，会被人取笑‘羞羞脸，男生爱女生’，只好用欺负捉弄的方式来掩藏自己对这女孩‘有意思’！”

有女生应和道：

“原来如此！那我得好好想想小学时，你们哪个‘欺负’过我！”

大家闻言全都哈哈大笑起来，笑声方歇，有一位男同学用无限感慨的低沉口吻说：

“如果当年在情窦初开的小男孩小女孩时，就有父母或老师能引导我们去学习，如何用适宜的言行去表达对所爱人的关怀就好了。”

这位同学新近丧偶，想必他是忆及据他说“只有跟着吃苦还没来得及给她好日子过”的另一半有感而发的。

“是啊，当年老师真该给你们这些臭男生上上课就好了，也就不会养出你们这一群到老来还是‘狗嘴里吐不出个象牙来’、什么难听就拣什么话说的男人。”

“你们女生也该好好上上课，学学——温柔是收服男人最致命的武器！”

看着这群都已年过半百的老男人与老女人，恢复了小学生的神态你一言我一语地斗起嘴来，我在微笑中陷入沉思——

这影响一个人未来生活是否幸福快乐的两性交往课程，为什么学校老师和父母都没有想到去认真教导呢？

数年前，当台湾的某大学首开“两性教育”这堂课时，引起一些学院派人士的质疑，认为这堂课全然是为讨好学生替他们“凑学分”，但是学生们却趋之若鹜，堂堂都呈满座状态，甚至在教室座位不够的情况下，坐在教室走道上、趴在教室窗边、站立在教室后听课。后来许多学校也开始在校园内开列此项课程，教育单位甚至在初中、高中学校开设“两性教育”课程，来取代原有的“健康教育”。

为何“两性教育”课程会在台湾受到年轻学子们的欢迎？因

为“两性教育”突破以往仅局限于讲述两性生理差异“性行为教育”，是同时关注两性心理层面教育的一种“全人教育”，让人能通过这种“两性教育”的课程，来达到了解自己、了解异性生理与心理上的差异，理解如何站在两性平等的基础上，去正确地表达爱、关怀与善意。

其实，最好的“两性教育”就是爱与榜样，父母则是孩子第一个“两性教育”的导师，从孩子出生，到看到父母在家庭中的互动，接受父母的拥抱和教导，传递爱和安全感的讯息，两性教育的列车就已经启动了。

尊重异性，不是口号，而是通过父母及师长所展现出来的态度。

郜妈老实招

可以借着跟孩子共读《我为什么讨厌那个女孩》和《同桌的阿达》，这两本讲述年幼的男孩，在用笨拙的方式来表达自己的情感与好意下，如何让接受者得到的是误解与伤害的绘本，来引导孩子去审视、思考与人相处的方式。

9 替孩子建立保护网

郜妈爱说笑

某局长陪着儿子一起去参加局里应聘职员的面试，进入考场前他先向主考官打了声招呼：

“题目别搞得太难啊！”

主考官心领神会地对局长微笑着点了个头，然后小心翼翼地问局长儿子：

“这个 5 + 5 等于多少啊？”

局长儿子想了想，有点儿没自信地回答道：

“应该是 10 吧？”

在一旁陪考的局长见状，连忙在主考官还未开口评定对错前，就慌忙地站起身来说：

“不好意思，你就再给他一次回答的机会吧！”

郜妈侃一侃

邻居两岁的儿子达达近日被送去幼儿园，在入学之前只会讲单字的他，上学不到一个星期就学会说两个句子——

“不要咬我！”“不要打我！”

因为在幼儿园里，他最常听到孩子们说的话就是这两句。

小孩打架在幼儿园可以说是经常发生的事，往往前一分钟还玩得好好的孩子，后一分钟就会为了抢夺一个玩具，或其他事情起争执而打成一团。如果仔细观察的话，你会发现，在被我们认为是“一片白纸”如此年龄幼小的孩子群体里，经常会动手打人和挨打的孩子常常就是那么几个。

为什么有些孩子喜欢打人，有些孩子又总是被欺负的受气包呢？

总是受欺负的孩子的妈妈就生气地说：

“那是因为我们家孩子个性太温和、不够凶，挨打了也不知道还手！”

有些个性暴烈的爸爸，在看到被打的孩子哭哭啼啼来告状时，甚至会生气地骂孩子：

“没用，只会哭，他打你你就打回去啊！”

个性温和不会打架的孩子，真的是较易成为校园暴力分子的“练拳沙包”吗？

“还手打回去”这种“以暴制暴”的方式，真的是可以避免孩子不再在学校受到暴力威胁的好方法吗？

我想来说说发生在我们住家小区的一个事件——

小区里有一个“打遍天下无敌手”的五岁孩子阿辉，每次只要他一在小区游乐场现身，带着孩子的妈妈多半会进入“紧急备战状态”。因为据说阿辉常无缘无故地挥拳头揍人，小区里比他年龄与个头都大许多的孩子竟然也被他打过。

我曾特别观察过阿辉，他还是有不打的孩子，比如说有一个叫强强的如果挨了他的打，强强妈妈就会大声斥责他，甚至替他孩子回上一巴掌；还有一个跟阿辉差不多年纪的孩子翰翰，翰翰有张“不怒自威”的脸孔，他只要朝阿辉一瞪眼睛，阿辉的拳头就会放下来；另外一个叫晓宁的女孩阿辉也不打，因为晓宁妈妈不会像其他妈妈一样，对阿辉表现出厌恶防范的态度，她在见到阿辉时，都会笑嘻嘻地对他说：“阿辉你好啊！”晓宁也会亲亲热热地叫“阿辉哥哥”，自动地将手中的零食和玩具跟阿辉分享。

我不知道你从上述事件里看出来了一些道道没有。

欺负人的孩子往往会在施暴之前，先掂掂对方“惹不惹得起”，因此想要孩子不受人欺负——

1. 父母要有人够凶够狠地去护犊，但父母能保护孩子多久？又能时时刻刻替他张上一张保护网吗？

2. 培养孩子控制情绪的能力，不轻易被激怒或恐吓。

3. 父母以身作则去教导孩子如何建立友谊。

我的两个孩子都是属于那种个性温和、“不够厉害”的孩子，尤其是儿子，更是那种被人大声骂一句都会“眼泪在眼眶中打转”的“麻糬”个性，但是两人在求学的过程中，班上虽也曾出现过那种“连老师都敢欺负”的大哥大或大姐大，但他俩却都相安无事地没有成为这些人的眼中钉或刀上肉。

推究其因，一是幸运，因为女儿天生拥有一张“不怒自威”的脸，以及机警、冷静的性格，令人觉得“深不可测”，而替她生出张保护网。

儿子就没他妹妹如此幸运了，他天生胆小、敏感、害羞、好哭、退缩……标准软柿子的性格，是校园小霸王们最喜欢欺负的对象，我这为娘的只好帮他去建立一张保护网，就是培养他结交朋友的能力。

会生出如此“睿智”的想法，是出自于我曾在广播与电视媒体制作主持过亲子教育的节目，其中有几集就是探讨“校园暴力”问题，我接到许多家长的来信和电话，讲述自己孩子在外被欺负的情形。在将这些“校园暴力”案件作归纳整理时，我发现与请来上节目的学者专家们所提供的调查研究有不谋而合之处——

容易成为校园暴力的受害者，多半是人际关系不好的孩子。

一个不受同学朋友喜欢的孩子，多半形单影只，给人“可欺”的印象，在受人欺负时，也很难会有人肯多事阻止；而人缘好的孩子，施暴者若对其下手，等于是要与众人结仇，不划算，也较会有人肯出手相助，施暴成功机率较低。

而孩子的好人缘，跟孩子个性内向或外向并没有绝对的关联，而是需要两个重要的元素：认同与分享。

幼儿希望得到别人的认同，通常会运用的方法，有正面的，如：分享、微笑、善解人意等；也有负面的做法，如：粗鲁、无礼、打人、抢夺、哭叫等。

小小的孩子并不明了，这些做法并不能带来真正的友谊，反而会破坏友谊。因此，当孩子以错误的做法来尝试交朋友时，父母不要以为孩子还小，而不去教导或制止其错误交友行为，而要用孩子能够了解的语言、例子，详细解释给孩子听。孩子不可能一经教导就会改好，往往还会重复犯错好几次，但这些都是必经的过程，父母必须耐心地一再教导。

另外，“分享”也是幼儿在交友过程中最重要的学习课题。独生子女因为独享惯了，特别无法与别人分享，所以鼓励孩子拿出心爱的玩具、书本，与朋友一起玩或者阅读，在这一来一往间，就会创造出彼此的互动与分享的友伴关系了。

我还有另外两个私房秘招，就是——

1. 经常在家替孩子办 Party，孩子邀请朋友同学来家玩耍时，可观察自己孩子与友伴间的互动，发生争执纠纷时，自家孩子的表现与孩子们解决的方式，事后再跟孩子讨论，脑力激荡出应对之道，让孩子有机会去思考学习如何控制情绪，避免与人产生冲突，培养自我保护之道。

2. 到学校当协助老师准备教具或其他服务的“志愿者妈妈”；或经常借拜访老师之便，也“顺便”去孩子的班上晃荡一下。有一个经常在校园神出鬼没的妈妈，如同替孩子挂了个护身符，让校园小霸王们心生顾忌，不敢将你的孩子列为欺负目标。

去孩子班上晃荡时，穿着打扮不必奢华，但要有“低调的时尚感”；态度开朗温和，可主动上前和孩子相好的同学去闲聊上一两句，这个动作隐含着向班上那些小霸王们昭示——你和儿女的亲子关系融洽，孩子不会对你隐瞒任何事，包括在学校受人欺负的事。

郜妈老实招

帮助幼儿发展良好友伴关系的策略——

1. 提供孩子和不同友伴相处的机会。公园的游戏场、店家提供的游戏区、例行性的拜访亲友、邀请其他幼儿到家里来玩，都丰富了幼儿与各种友伴的接触经验。

2. 不宜过度保护孩子。过度的保护反倒让幼儿变得胆小，也使得他无法经由与友伴相处的挫折中得到磨炼，去学习修正自己的行为，琢磨与友伴的相处技巧，并发现自己有能力解决问题时所生出不怯于交朋友的信心。

3. 由故事绘本带领孩子预先理解与友伴相处的各种状况。

4. 和幼儿分享父母自己的交友经验。在孩子交友受挫时，父母说说自己曾有的受挫经验，这让幼儿感觉“不孤单”，知道这是自然的过程，重拾对自己与友伴相处的信心，学习更健康更适合自己的交友模式。

5. 当孩子说“小明跟小伟好，不跟我好了”的时候，要耐心倾听孩子的烦恼，对他表达真心的关怀与了解，并跟他讨论如何挽回友谊。

6. 当孩子说“他们都不跟我玩”,“我不敢说要和他们一起玩”的时候，爸妈要先耐心听孩子说委屈，并表达了解与关怀；再从孩子的描述、从自己对孩子与人互动行为的观察中，以及借由老师的帮忙，找出孩子不受小朋友欢迎的原因（或许是他太专横霸道，也可能是他太过沉默被动，或者是他反应较慢被嫌笨等），针对孩子的问题症结，帮助他从根本上解决问题。然后，再多帮他制造交朋友的机会，请邻居小朋友到家里玩、带他拜访有小孩的朋友家等等，让孩子多在实际情境中练习与人相处，渐渐恢复交友的信心。

10 帮孩子多结交些“大朋友”

郜妈爱说笑

一位著名的足球教练在所带领的球队连吃败仗后，去一个酒吧买醉，喝得半醉的他丧气地对酒保说：“自从输球后，我不仅失去了所有朋友的友谊，连我老婆也都不再管理我。为了挽回我老婆对我的情谊，于是我对老婆说，我只剩下一个朋友了，就是我家的那只老狗，但一个人至少应该有两个朋友吧，我想如此一说肯定能博得老婆的同情。”

酒保：“结果呢？”

教练：“她点头同意了我的说法，第二天就又给我买了一只狗。”

郜妈老实招

和在纽约进修的儿子通电话时，提到自己在教会新近结识了一位弟兄，与他们一家人成为好朋友。儿子听到我说起那弟兄的名字，惊喜地叫道：

“××叔叔也是我的好朋友耶！”

“是啊，××在听说我是家石妈妈时也很惊讶，说是早就认识你，还说你曾向他请教过如何谈‘远距离的恋爱’呢。”

儿子听了，发出有些尴尬的笑声解释道：

“哎呀，那是好早以前的事了，你不也知道的吗？那时××先我半年去纽约读书，我不想我们两人因为形体距离上的遥远而疏淡了感情，于是就去请教和妻子远距离恋爱两年的××叔叔，问他是如何维系情感的。”

虽然××的倾囊传授恋爱招数并未帮助儿子维系住那份情感，但是相信他在跟儿子“谈情说爱”时，肯定也跟儿子说了许多我们这些做父母的，即便再能说会道，也无法提供给孩子的劝慰与支持的力量吧？

因为，记得儿子的女友去到异地短短不到一个月的时间就另结新欢而提出分手时，我虽然也陪着儿子一起落泪，跟他分享了自己年轻失恋时的心情，以及如何从情伤中走出的经验，但却不及教会里的一位大姐姐的一句话来得有效果。那位姊妹对儿子说：

“家石，你真应该感谢主耶稣，让你女朋友在这么短的时间内就跟你散伙，没让你虚掷太多的情感在她身上；另外，她没有丝毫隐瞒她的情变，免去你自己发现事实真相后的屈辱与伤心。”

儿子参加高校甄试失利，在沮丧之余将怨气出在我身上，几天不肯跟我说话，因为是我鼓动他参加高校甄试。这让当初抱持着希望儿子能多给自己一个通过正常考试管道外进入大学机会想法的我备感委屈，但儿子却听不进我任何的解释，认为如果不是我的期许，他也不会有这次丢脸的失败经验。后来靠着一位也曾走过考场失利的“大朋友”阿斌从旁劝解，方才重新振作起来迎接不久的高校联招考试，并获得佳绩进入到理想专业。

我向儿子的这位“大朋友”阿斌表达我诚挚的谢意，并好奇地问他究竟是用怎样的嘉言美句，来鼓励儿子重拾信心继续迎战。

阿斌说：

“就是阿姨你当年在我考试失败时，曾经劝过我的那句话——这次的失败只是上帝在提醒你：还可以再努力一点！”

相同的劝慰和鼓励，为什么用在自己孩子的身上会“一点效果都没有”，但对别家孩子而言却可达到暮鼓晨钟的功能呢？问题或许是出在说话人的态度上，也可能是听话人的心态不同。就好比来自婆婆嘴里和出于自己亲娘口中的，在入耳进心时的“味道”常常不尽相同的道理一样。

其实，做父母的我们很早就会发现“别人说的话好像往往比父母说的还要管用”，但却很少有父母会因此想到，如何在抚养孩子的过程中，去培养出几位能陪着孩子一起走的孩子的“大朋友”。

这些“大朋友”可能是孩子的老师、邻居亲友、办公室同事，补习班、教会里结识的大哥大姐叔伯阿姨，他们不需才高八斗或身居要位，只要能有一颗肯耐心听孩子说话、真心喜爱孩子、不愤世嫉俗的心，有一张不会去搬弄是非，不出恶言与尖锐言词的嘴。

或许是因为我的个性比较“长不大”，因此成为许多朋友的孩子们的“大朋友”，一些不敢、不愿跟父母说的事，他们都肯跟我谈，甚至有几位孩子跟我要好的程度还甚过他的亲生父母，我也因此经常被赋予“传声筒”的重任。

做“传声筒”的工作其实颇费心思：既需要能保持“原主旨”，却又不能“原汁原味”地端上去，必须要加油添糖地达到坏话好说，且绝对不能让孩子听出是奉他父母之命来说教的。

不过，在听多了别家父母对孩子的抱怨后，也会发现——自家的孩子原来是正常的，因为别家孩子有的毛病他也一样没少，只是犯病的轻重与发生的频率不同而已。所以有时身负“传声筒”重任，恰好犯病的自家孩子也在场时，就可以让他们搭个顺风车一起来“受教”。

比方某位朋友对他孩子将朋友看得比自己父母还要重要之举颇有微词，而我其实对自家孩子“重友轻父母”也有诸多不满，虽然理智上清楚，这是青少年的正常心理，但却仍觉得需要点拨一下，让孩子学习在珍爱朋友之余，也不要轻忽对父母的关爱。

恰好当天有几个家庭在我家聚会，其中有位爸爸在证券行工作，跟我们分享投资理财的一些观念，我就顺着这个主题问在座的孩子：

“你们知道你们做孩子的，做什么样的投资最划算？”

孩子们纷纷提出努力学习、学好语文、锻炼身体……

我在点头称是后又故弄玄虚地说：

“还有一项是你们绝对没想到的。”

孩子们不服气地唧唧喳喳又数说了一些，却见我把头摇得似拨浪鼓，有孩子不耐烦地嚷着要我宣布答案，我说：

“是孝顺父母。”

孩子们都不服气地叫嚷起来，做父母的也露出不解的神色，因为“孝顺父母”是品德培养教育中的一环，如何能跟“投资”扯在一块？

“因为投资同样的感情、心力在父母、朋友、同学甚至情人身上，所得到最丰厚的情感或金钱上的回报一定来自于父母。”

众孩子闻言后都将眼光投向自己的父母，恰好坐在我身畔的儿子顽皮地用手勾着我的臂膀说：

“哇，那我得好好投资我的‘妈妈股’。”

有人曾将父母比作温暖和照亮孩子人生的一盏明灯，但在孩子长远的人生旅程中，总有“爸爸妈妈灯”无法光照的黑暗处；“爸爸妈妈灯”也终有熄灭的一日。

但如果我们做父母的，能帮助孩子多结交上一些“大朋友”，就如同替孩子在人生路途上多点上几盏给予他更多温暖与明亮的灯。

郜妈老实招

做父母的如果想让孩子能跟他的“大朋友”维持长久之谊，有几点原则必须遵守——

1. 绝对不要吃“为什么这些话我的孩子肯跟你讲却不跟我说”、“为什么我的孩子跟你的感情好像比跟我的还好”的飞醋。

2. 除非是孩子或他的“大朋友”主动跟你谈及他们曾做怎样的谈话，否则不要去打探。

3. 如果孩子的“大朋友”出于善意提醒，向你透露孩子向他说的不要告知父母的秘密，而为人父母者需去对孩子言行作些指正时，千万要婉转、有技巧，不可让孩子知道消息来源。

想做孩子的“大朋友”也有几点原则必须遵守——

1. 不要向孩子的父母炫耀自己与孩子的亲密关系。

2. 当孩子要你保守一些涉及到法律或孩子安危的重大秘密，如偷窃、逃学、受到性骚扰时，说服孩子由他自己或在“大朋友”陪同下去告知父母，千万不要承诺替他保守秘密或代为解决问题。至于一些如抱怨父母或喜欢上某某的“小秘密”，则绝对不能向其父母“告密”。

3. 不论是小秘密或大秘密，都千万不可将其当作茶余饭后闲嗑牙的话题“传播”出去。

第三章
牵孩子的手共奔成长路

跟在美国读研究所的儿子为一件小事在电话里发生争执，儿子愤愤然地对我说：“妈妈，我已经是二十八岁的大人了，你要学习跟一个已经是大人的儿子如何相处！”

听到儿子的这句话，“孩子翅膀硬了”的失落感油然升起，但庆幸的是很快又从这种低落的情绪中抽身，转而感谢儿子的当头棒喝，让我感悟到——

如何与孩子“相处”这门课，实在是父母们需终身学习的课程啊！

1 小娃闹学

郜妈爱说笑

小学开学了，刚满六岁的冬冬哭闹着不肯去学校上学。

妈妈向冬冬解释，法律规定小朋友到六岁时就一定要去上学，一直要上到十五岁。

最后，冬冬哭哭啼啼地在学校书桌前坐下来，抽抽噎噎地问他妈妈："等我十五岁的时候，你会记得来接我吗？"

郜妈侃一侃

在朋友家做客时，恰巧中央台在播放台湾小一生上学的新闻，画面上出现好些个台湾小朋友，在教室里或号啕大哭，或低声啜泣——

今年也恰好上小一的朋友的儿子瀚瀚，面露奇怪之色地问他妈妈：

“这些小朋友上学为什么要哭呢？”

瀚瀚的问话引起我的好奇：

“你们班上难道没有人哭吗？”

“没有！干吗要哭呢？”

瀚瀚用奇怪的眼光望着我说。

瀚瀚这句话，让我意识到：

“是啊，干吗要哭呢？”

但是在台湾，不论是上幼儿园的第一天，或是第一天上小学，不哭的孩子可以说是凤毛麟角，因为一定会有孩子在教室门口，跟父母演出琼瑶剧中“生离死别”的哭戏。

而“哭”这玩意，在小孩群中，其传染力可是比非典病毒还要厉害。只要一个孩子开始哭鼻子，不一会儿乎全班孩子就开始“大珠小珠落玉盘”了！

当教室里的孩子哭成一片时，守在教室外的婆婆妈妈也纷纷“有沙子落进眼中”地红了眼睛。

一位朋友的女儿亮亮，平日十分活泼开朗，但在上幼儿园的第二天午睡时，先是低声啜泣，继而号啕大哭不止，任凭老师使出各种法宝，都无法安抚她的情绪，直到孩子妈妈出现。

亮亮对她妈妈说，她哭到“肚子都酸了”，她不想一整天都待在幼儿园里，她只想去幼儿园学做可丽饼，去看魔法书及听老师讲故事、吃点心就好了。

亮亮妈妈的眼泪本来可以忍住不掉下来的，但在听到亮亮后面说的那些话时，“噗”地一笑，大颗眼泪便被挤得落出了眼眶。

亮亮的“闹学记”让我想起儿子上幼儿园时，我抱着刚出生不久的女儿，去做了整整一个月的陪读书童，直到老师把我赶出教室。

因为儿子在我陪读的这一个月中，唯一专心的事就是——每三分钟回一次头，看看妈妈是不是还坐在教室里面。

我被老师赶出教室后，在走廊上恰好遇见了园长。园长把我引进她的办公室，给我上了一堂“如何认清孩子不愿上学的因素”——

1. 两三岁的幼儿突然到一个新环境里，看到的全是陌生的人、陌生的环境以及陌生的东西，在害怕之下，就会以哭闹的方式表达心中的不安。

2. 刚到一个陌生的新环境时，孩子也常会因为搞不清楚教室中的规则、设置等，容易被老生嘲笑，产生孤立的感觉。

3. 这年龄的孩子没有时间概念，会觉得跟父母就此一别，好像就会永远离开他不见了。这种害怕被离弃的感觉，使得孩子不愿意上学。

4. 孩子是因为家长过度疼爱保护，平日与其他幼儿互动的机会极少，因而无法学会如何与其他人相处，变得以自我为中心，不尊重别人，到了幼儿园就无法适应。

5. 有些父母会恐吓孩子说："你不乖就把你送到幼儿园去！"以致幼儿误以为那是一个恐怖的地方，自己不好才会被送去。

6. 如果幼儿园采取"师说、孩子听"这种长时间的静态课程，或是耗时良久的排队、入座等作息流程，孩子觉得枯燥乏味，自然不爱上学。

7. 有些老师过于严厉，常会大声责骂、批评，或将幼儿互相比较……这些都会让孩子对新环境产生厌恶，而不愿意上学。

"所以家长必须先弄清楚自己的孩子究竟为何不爱上学，再跟他去沟通，才能免除他惧学的心理。"

园长说到这里停顿了一下，意味深长地望了望我怀中的女儿说：

"至于你的孩子闹学这么久的原因，我想除了因为孩子胆小怕生外，家里添了个妹妹应该也有很大的关系。因为他有些忌妒妹妹不用上学，可以和妈妈在一起，这种被排除在外的感觉让他很不安。"

经园长如此一点，我终于恍然大悟儿子的"难缠"。于是改变平日带着妹妹去接送他的方式，而是将女儿暂托给邻居照顾，单独陪他去学校并接他回家，让他能拥有妈妈"专心只爱他一个，不需跟妹妹去分享"的时间，果然儿子很快就不再哭哭啼啼地闹学了。

儿子上小一时，那所学校在校门口就把所有婆妈爷爸们给拦住了，不准他们守在教室外面。虽然已经有了当初送他上幼儿园的经验，但还是担心他上小学时不适应，因此一整天，我那心呀就揪在那儿……

结果，去接儿子时，看他笑嘻嘻地炫耀学校送给每个小朋友的一套餐具和餐巾。

问他在学校里哭了没，他说没有。问他，怎么没哭呢？

他理直气壮地说："妈妈又不在，哭给谁看！"

我这才了解到，原来孩子许多时候的哭，都是在"做戏"给父母、爷爷奶奶、姥姥姥爷、八大叔五大姨们看，既然都没观众了，也就不必那么累地去演戏了！

因此，当送女儿入幼儿园时，我把她交给老师，在教室外偷拍了张照片后，就头也不回地不留下来"看戏"了。

郜妈老实招

如何帮助孩子适应学校生活？

1. 孩子不能一下子适应学校生活是正常的，父母不要太心急，给他一段逐渐由旧生活进入新生活的适应期。

2. 让孩子熟悉学校环境和上课的"规矩"，以解除进入陌生环境的焦虑：入学前带孩子去要上的学校走一走，指点一下上课的教室、厕所、游乐的地方；如有可能，还可以让他进教室去坐一坐，让妈妈或爸爸和小朋友上讲台当老师，或在家玩上课的游戏，教导他一些上课的"规矩"。

3. 带他去购买学习用具：让孩子自己挑选如书包、铅笔、铅笔盒、练习本等，让孩子对上学有一个向往。

4. 入学前半年就要开始培养孩子生活自理能力和习惯，如洗脸、刷牙、穿衣、穿鞋，按时入睡、起床、搞卫生，认识家里通往学校的路，正确说出家庭住址、父母的工作单位地址、电话等，以便在紧急情况下联系。

5. 与学校、老师做好配合，可以制作一张全面介绍孩子的优缺点、爱好特长、性格、气质等的卡片，让老师能在很短的时间内认识和了解你的孩子。

6. 如环境允许，给孩子一个能安静做功课的房间，或至少要给孩子准备一张带抽屉的桌子，一盏合适的台灯，墙上贴上课程表、九九表、汉语拼音表、作息时间表等，给孩子营造一个好的学习环境。

7. 孩子初入学的前半个学期，父母要多鼓励少责备，耐心教导孩子正确的学习方法，并督促孩子养成按时完成作业、预习第二天课程的习惯。到了第二个学期后，就开始慢慢放手让孩子自己完成课业。

8. 父母自己不要表现出离不开幼儿的模样，因为如此会加深孩子对上学的恐惧；父母也应以接受孩子恐惧的同理心，去清楚地告诉孩子，当他上学时父母在做什么，让孩子知道父母依然关心他，并不是把他丢在学校不管他了。

2 让孩子宁为鸡首

郜妈爱说笑

爸爸拿着儿子阿树的成绩单对他说：

“儿子，爸爸拜托你一件事，不要让我每一次看到你的成绩单，就知道你们班上有多少人好吗？”

郜妈侃一侃

上海的家附近正在盖一所据说是上海市最大最好的中学，由于这所中学的即将入驻，邻近这所学校的房价都居高不下，因为只要“有点办法”的父母，都想让孩子在这所学校能“卡”到一个入学资格。

这种情形在台湾也同样出现。台北有一所收费昂贵，但据说是与美国某名牌贵族学校教学接轨的民办中学，在因经济不景气房价直落的现在，学校附近的住屋房价不跌反升，也是基于学校有一个规定——学生必须入籍在这个学区。

想让孩子进名校好校，可以说几乎是每个父母都有的“望女成凤望子成龙”的心理，因为在一般父母的观念中，能挤进名校好校，就等于挤入了“优良生”圈，想不优秀都难。当然一方面是考虑到名校的学习氛围，会逼得孩子不得不努力优秀；但不少父母还是会存有一个即便孩子在名校好校列在“牛尾”，也定能比其他学校学生表现优良的想法。

但“宁为牛尾”的观念对孩子真的是好的吗?

我的一位女友的父亲却不这么认为，他给孩子的一个观念是：“宁为鸡首，不为牛尾”。

支持他这个观念的理论是：“让孩子去做鸡首不做牛后，是保护和维护孩子自信的方式之一。”

女友深受父亲这个观念的影响，相貌一般、身材一般、才情一般、能力一般、学历一般的她，在读书时选读了一所二线大学；选择职业时，有机会到一些大企业工作，但她却选择到一个中型的单位工作。

她在这个中型单位很轻易就成了鸡首，受到长官的重视与喜爱，并很快被提升为重要干部，后来有大企业注意到她而来高薪挖角，她仍不为之所动，她的说法是：

“我很清楚以自己的能耐，到了大公司只能忝为‘牛尾’，最多力争上游到‘牛肚’，这样子的地位会让我的自信心受影响。而我认为自信心是一个人敢不敢于展现自己的原动力，所以我宁愿留在原来能让我觉得信心满满，敢于去充分发挥自己主动、积极与创造力的单位做鸡头。”

我的女儿在考高中选填学校时，因应她父亲的期待，选择去一所著名女校就读，这所女校是一所历史悠久、以严管学生言行要合乎“规矩”、高要求学生考试成绩的学校。

女儿入校考试时，生物的成绩仅差两分即达满分，后来在校此科的成绩也一直是合乎“高标准”，至于其他科目的成绩，虽未如生物科那般超级优秀，但也都是中等以上，然而每次拿回成绩单时，女儿都会垂头丧气地说：

“老师又批评我了，说我 ×× 科 ×× 科要加强！”

在读非名校的儿子拿过女儿的成绩单，看了被女儿老师批评“不够优秀”的科目成绩时，哇哇大叫道：

“哇，你的不好的成绩分数可是我自认为考得最好的科目成绩耶！”

后来女儿选择以医农为主科的理组就读时，几位老师都建议女儿改组，用来劝阻女儿的理由竟然是：

“你爸是做生意从商的，你妈是在传播媒体工作、搞文学创作，你选择读理科，他们怎么帮你？”

当时已在大学读建筑、并且学习成绩优良的儿子听了，很生气地说：

“别听你老师说的，为什么跟爸妈走的路子要一样？下次你们老师再啰唆，你就说我哥哥在学建筑呢！”

虽然家人一再为女儿加油打气，肯定她是一个有自己强项的人，但老师的话却如一把利刃，一点点地削去女儿的自信心，影响到她后来面对未来方向选择时，徒增了一段茫然不知所措的摸索期。

而反观在校学习成绩和所读的学校都及不上女儿的儿子，在读那非重点学校时，由于该校不是以成绩好坏来论英雄，而是只要你在品德、体育、艺术或是合作精神上，有一项表现优良的就是“好学生”，因此儿子在此校风熏陶下，被培养出具有充分信任自己能力的自信，深信只要努力就能破除一切险阻得到胜利。

儿子女儿的这段求学过程，我都曾经历过。

初中时，我读的是千余人中才能选出一名的重点学校，小学总是轻易就拿到头三名成绩，备受老师关注同学艳羡的我，在入了这个全都是优等生的学校，立刻由天上落入凡间，即便我具备有高同学一等的演讲强项，经常在校际比赛中得到优胜，但仍被老师与同学归类为“不良生”，老师对我说的话永远都是：

“要努力读书，你这样的成绩是考不上好学校的！”

初中三年是我最痛苦的日子，原本开朗自信的我，变得胆小犹豫，不敢表达自己的观点、主张和感受，在成绩好的同学面前更是觉得抬不起头来，说话时连眼睛都不敢与他们对视。

幸好高中时考入了一所将每个孩子都视作“好孩子”来看待培养的学校。我在那学校就读时，仍是学习成绩不良，还有几科经常要靠补考才能升级，但老师们看到我的却是我有演讲朗诵的强项，他们替我创造许多能发挥能力和培养胆识的机会，让我将在初中所失落的自信心，一点一滴地重拾回来。

看了我跟你分享的四个真实个案，你还会坚持一定要将儿女拼命往名校塞，让学校老师成为戕害你孩子自信的杀手吗？

郜妈老实招

孩子天生都有自信——

相信自己所看到、听到、想到的都是真实的。但之所以后来会发展成不同的心理状态，跟在成长的过程中，有没有受到父母师长尊重他的自信的原貌有关。

“看好不看坏”的肯定和鼓励是保护和助长自信心的良法，“看坏不看好”的负面评价与数落，则是熄灭自信火花的凉水。

当孩子在外受到老师或其他人信心的打击时，父母不妨去替孩子“复习”他以往不在行，但却通过努力学习获得的成功，如认字、画画、学音乐、玩游戏等；分享自己或某个有名人物曾被人错误评断，但却通过个人努力学习，由不会到会的学习经验，让他心里重新产生自信的力量。

自信是成人所赠予孩子最好的厚礼。

3 替孩子找一个让他安心的学校

郜妈爱说笑

父："小杰，今天在学校还好吗？你的新老师对你满意吗？"

小杰："老师对我可满意了！"

父："你怎么知道老师对你满意呢？是她亲口对你说这样的话吗？"

小杰："是的，老师当着全班同学的面对我说，要是其他同学都像我这样，她就不必当老师了！她这话不就是明白地说了，她教不了我什么了吗？"

郜妈侃一侃

在博客上发表了《让孩子宁为鸡首》，提出"让孩子去做鸡首不做牛后，是保护和维护孩子自信的方式之一"的论调，引起众多网友的关注并参与讨论。多数家长和孩子都对我文章中所提出的说法予以肯定；但也有不少家长提出"压力大才能激发孩子的潜力”，认为不要拿孩子小承受不起压力为借口，小时候就不向高水平靠近，长大后也无法做到，那时候恐怕连鸡首都做不到！

我们常爱以小树苗来比喻孩子，但却常不自觉地将许多很可能会压垮大树枝干的压力要孩子去承担，虽然压力能让人成长这话没错，但是孩子的肩膀并没有我们大人想象中的那么坚强，我们所施放的压力必须要一点一点地加上去，在此期间还要随时予以观察，用关怀鼓励与爱随时为他们架上一根支柱。

自认为不是那种娇宠孩子的妈妈，甚至在管教孩子学做人懂规矩上，是属于那种严厉型的母亲，但因自己曾从学习愉快与不愉快的学校生活中得到好坏不同的影响，所以当孩子还是正在“长自信”时，我替孩子挑选学校，就会去避免选择那给孩子太多课业压力，以成绩好坏来论英雄的“名校”。因为我明白，如果将孩子送入那种以考试分数挂帅的“名校”里，即便老师未替孩子贴标签，敏感、自尊心强的孩子也会替自己贴标签。我会去选择那种不太着眼在孩子课业成绩表现上，但却注重培养孩子的学习兴趣、品德教育、良好生活习惯……这种着重多元教育方式，能让孩子有“安全感”的“好”学校。

因为在这种学校里，老师不是以单一的考试分数来评定孩子的好坏，而是像欣赏一幅画般地用多视角来关注孩子的表现，认为每个孩子都有值得称赞肯定处，而老师的肯定也带动孩子们的自尊自信，孩子们心里踏实，就没必要以仰靠与比自己学习差的人在一起，来寻得“不会有被比下去的威胁”的安全感，也自然培养出懂得欣赏与尊重别人的自信、宽大的气度。

孩子尤其是小孩子，他们的“安全感指数”常是低于大人的，因为他们在看待事情时往往采取的是感性思维，缺乏理性思考。由于孩子有如此的特点，所以往往为了寻求安全感，于是呈现于外的就是让大人们不解的“不爱跟好孩子做朋友，总是喜欢跟坏孩子玩在一起”（这个好、坏的标准常会是以课业为评量）。

经常会看到课业总是拿第一的五楼王妈妈家的小清，独自一人骑着脚踏车在社区里荡来荡去，问他为什么不去跟其他孩子一起玩耍，他低垂下眼睛难过地说：

“他们都不愿意跟我玩！”

问孩子们为何不肯让小清加入他们玩耍的行列，那些小家伙嘴巴一撇说：

“跟他一起玩没意思，我们才不要跟他玩呢！”

“跟小清玩怎么会没意思呢？他那么聪明，老是在班上考第一，肯定能想出一些好玩的游戏来。”

“考第一有什么了不起，我们就是不要跟考第一的孩子玩！”

跟在学校当老师的外甥女谈到这件事，外甥女说在校成绩一向优秀、自认为总是与人和睦、从未表现出轻看成绩不好的同学的她，学生时代班上却只有一两个成绩好的同学愿意跟她做朋友；做了老师，看到在她教过的班级里，也有不少成绩优秀的孩子总是独来独往，为此她大惑不解：

“我一直到现在都还没弄清，为什么同学们都不喜欢和好学生在一起呢？”

在校从未做过“成绩优等生”的儿子回应道：

“因为跟你们这些好学生在一起太不安全啦！”

儿子的话让我大吃一惊地反问：

“不安全，怎么会？跟好学生在一起，爸妈们都很放心的，因为他们绝对不会领你们去干坏事，而且会影响你们懂得去努力学习。”

“瞧瞧瞧，就是因为有你们这些爸妈、老师，老是喜欢说这种‘多跟人家好学生学学好啊’的话，然后再顺便带上对我们的批评，让我们觉得好学生的突出表现只会比较出我们的‘不好’，自尊心太受打击啦！”

儿子的话引发我读初中时的回忆，当时班上有一个既聪明漂亮成绩又好的女同学，由于她家距离我家不远，因此不论上下学她都喜欢跟我结伴而行。但我却躲她像躲鬼一样，总是找各种理由不愿跟她结伴同行。原以为成绩不好但长相还可以的我，在功课好但长相差的同学面前，心理至少还有一点安慰，就是可以在外表上略胜一筹。但跟她在一起，不仅无法显现出任何优势，还由于她的“样样完美”而凸显出自己的不足，自卑感油然而生。

而当时我最喜欢混在一起的同学，不是貌不惊人就是跟我一样成绩不好的孩子，那些当时“焦不离孟”、外人看起来我们交情挺铁的同学，在离开学校后却都再也没有联系。现在回头想想，当时会结交那些朋友，原来完全是因为当自己还在成长过程中，自信心没有被培养起来之前，要跟自己半斤对八两甚至比自己差的人在一起，才能得到“不受被比下去威胁”的安全感之故啊！

郜妈老实招

对孩子的关注，不要只放在物质层面，衣食住行地“养”孩子，而要有更多的关怀于孩子的心理层面上。

帮孩子选择学校时，千万不要只着眼在学校“光辉”的一面，忽视其他不好的因素，这些常被只看学习成绩父母关注的因素，往往会造成孩子心理极负面的影响。

当发现孩子存有在校无法快乐学习的消极心理，或是一些在大人看来是无关紧要的烦心事，如挨老师批评了、跟同学闹小矛盾时，父母要试着去把自己的心态拉回到跟孩子同龄的时代，才能去接纳理解他们的苦痛，让他们感觉有人一起跟他们承担生活中的悲喜，而重拾面对挫折、不如意的勇气与信心。

4 教孩子在学会赢前先学会认输

郜妈爱说笑

小王在一家公司搞推销，没到一个月就被辞退了。有人问他推销时是否宣传得不够。小王听后大声喊冤："我可是很认真地去跟客户做了宣传，但他们就是不肯掏钱买啊！"

"你是怎么做宣传的？"

"我向每个客人都推荐说，我卖的产品，永远都是走在同类产品的前面！"

"很好的一句广告语啊。你推销的是什么产品？"

"手表和时钟。"

郜妈侃一侃

跟就读小一与小三的侄子玩"大富翁"，两个小家伙年纪虽小，却是玩这个纸上游戏的高手。因此，只见大侄子不一会儿就坐拥了好几栋房子，小侄子则手握巨款。

面对这样的游戏局势，我自己并不以为意，但两个小家伙却不时小心翼翼地窥探着我的脸色。尤其是在游戏结束结算个人家产，我呈现大败局面时，既赢了房子又赢了巨款的大侄子和小输哥哥的小侄子脸上不仅不见张扬喜色，反而充满惶恐地将坐落在图纸上的房子打乱，并把个人面前的玩具纸钞拢成“公家的”。

“姑姑这次不算，只是你运气不好，我们再来玩一次，一定让你赢！”

为了让我“一定赢”，接下来的那场游戏，两个小家伙不时用交换眼色和咬耳朵的方式，相互提醒对方“不要赢”，我既感动于这两个孩子年纪如此幼小，就能体贴到别人的情绪，却也不免产生了疑惑——

小小年纪就对游戏的输赢这么看重，究竟是好还是不好？小孩子的观念是否是被大人教导出来的？

后来逛新浪亲子中心时，在“小马森儿”博客上看到森儿妈妈所写的，有关“森儿和爸爸、爷爷下直放棋[①]”的记录——

森儿因以极短的时间就从完全不会下棋，到知道给爸爸设局，让爸爸在得意“名师出高徒”的心理促使下，替森儿口出狂言，向爷爷挑战：

“爸爸，您小心点儿，您不一定能赢得了森儿。只要您稍微

①直放棋：游戏双方分别在棋盘的直线上摆棋子，连续摆到三颗者获胜。

疏忽一下，她就抓住机会赢棋了。”

结果爷孙两人对弈时，爷爷居然不按父亲让森儿先走的游戏规矩，而是采用正规对弈方式“石头、剪子、布”来决定谁先走，并且是爷爷获得了优先行棋权，让森儿一开始就尝到了“输”的滋味。

接下来下的三盘棋中，第一局为和棋；第二局森儿在爷爷用计设局下败下阵来；第三局开始不久，在一旁观战的森儿爸妈，看到爷爷又布了一个巧妙局，却没发现森儿的局已先一步赢了爷爷，而误下判定爷爷又赢棋后，森儿发怒将棋盘一扯说不公平！即便后来家人承认错判，而予以修正结果为森儿先一步赢了爷爷，但是尝到“输的滋味”的森儿却严重表态，再也不和爷爷下棋！

让我觉得惊讶佩服的是，在面对这个下棋事件时，森儿妈妈没有像一些父母那样，将森儿这个输棋事件轻视为“就是小孩子赢得起、输不起地闹脾气嘛”，而是深一层地去躬身自省，森儿会出现那些“突槌”言行，父母是否也该负责任？

然后检讨归纳出原因：森儿爸爸的高度赞扬，让森儿过度膨胀了自己的能力，产生轻看敌手的心态，因此尝到输棋的滋味后，又受到错判的委屈，在不服气、失败等各种复杂心理的促使下，就呈现出“输不起”的情绪表现了。

看完森儿妈妈的博文分享，引发我另一层思考——

“好孩子是夸出来的”这种教育观念，是否替许多父母设下了“教养的陷阱”？

教养孩子是否更该去强化的是“学会赢前先得学会认输”呢？

在台湾曾应邀至一个电视节目做特别来宾，节目形态是以介绍世界风光为主，辅以两队来宾做抢答竞赛。我被分派到的是集合各行业精英人士所组成的“名人队”，跟我们打擂台的是以影星歌星所组成的“艺人队”。

节目竞赛的内容并无唱歌跳舞项目，而是有关世界各地的风俗民情。按理来说，“名人队”汇聚了各行业博闻强识的尖子，获胜的几率应该会远远超过“通常书都念得不太好”的艺人队，但最后比赛结果却令人跌破眼镜，竟然是“艺人队”大败“名人队”！

我们这几个“名人”在觉得大失面子的情况下，节目一结束就纷纷夹着尾巴匆匆离开摄影棚。而我则在不服输的心理促使下，暗自又观看了几次这个节目，发现每次参赛的结果竟然十之八九都是“名人队”惨遭滑铁卢！

在看到其他名人也在荧光屏上输得灰头土脸后，我丢脸的心绪平复了不少，开始恢复平日爱作理性观察一探究竟的思考习惯，发现“名人队”之所以会惨败，应该是受“怕丢脸、担心输”的心理影响。

由于被归在“名人队”的参与者，虽然未必个个才高八斗、博览群书，但多少都是学历中上的知识分子，因此在爱面子怕被人视作知识浅薄下，在思考问题时，往往将其复杂化；回答问题时也常字字斟酌，唯恐答案不够精准，输不起那万一答错了的失面子，而宁愿错失那可能答对的机会。

反观“艺人队”，他们虽多半没有耀人的学识与学历，但为了应工作上的需求，必须具备灵敏的反应力、丰富活泼的想象力与不怕丑敢于说错或做错的心态，反而因此多给了自己创造成功的机会。

这个节目后来没做多久，就取消了邀请名人来参赛，因为几乎来参赛过的名人，在制作单位再度发出邀请函时都敬谢不敏，推拒的理由都是：

“已经丢脸输过一次了，不想再来丢脸！”

连一场游戏都一定要赢不肯输的认真心态，应该是促使精英们成功的元素之一，但相对地也应是造成由于“输不起”，而无法面对失败，走向一蹶不振，甚至自毁生命的主因吧？

我们不可能让孩子避开充满竞争的生活状态，但我们是否可以培养孩子以游戏的轻松心态来面对各种挑战，替孩子建立起——

输了，大不了再玩一场！

即使失败了，也只是在这方面或许不够优秀、或许不够努力，但并不代表就是一个“失败的人”。

鼓励他们千万不要把目光锁定在“失去的成功”，要相信自己是一个有“价值”的人，一定可以做出对的好的事！

郜妈老实招

父母跟孩子说话的语气，对孩子往往会产生极深刻的输赢的认知影响。不要一味地批评责备，而应帮助他在失败中总结教训，积累经验，鼓励他再试一次。

掌握住三个原则来跟孩子说话——

1. 信任的语气："我相信你只要努力学，认真学，一定行！"而非挖苦的语气："就你这样三分钟热情还想打球啊？"父母的信任会给孩子一份自信，并让他明白，只有坚持才能成功。

2. 尊重非责备命令的语气。当他提出自己的看法和要求时，耐心听他把话说完，再提出自己的意见。如你要求孩子写作业，可他还想再玩一会儿，若你愤而责备："越大越不听话了，不好好学习，看你长大了能干什么！"这样做只会让孩子更加厌恶学习。若改用尊重商量的语气："那你想再玩多久？玩完了后，可一定要专心写作业。"孩子就比较乐于接受了。

3. 鼓励的语气。孩子第一次帮妈妈端饭，碗失手掉到地上，不要责备他："真是笨啊，连个碗都端不稳！"试着用鼓励教导的语气："以后端碗前先用手指试试烫不烫再去端，这样端碗才不会拿不稳。"如此，既教给孩子实践的方法，也给孩子再次尝试的信心。

5 让“伪笨”的孩子变聪明

郜妈爱说笑

路人走进一家商店跟老板说：

“你难道没发现你的橱窗广告上的字母拼错了，而且语法也不通吗？”

老板：

“谢谢你的指点，不过不瞒你说，正是这个错字连篇、语法不通的广告，让大家都认为我是笨蛋，所以都纷纷来我商店买东西想捞点便宜，我的店因此而生意兴隆呢！”

郜妈侃一侃

亮亮妈妈在她的博客上写到她那有着爱阅读、爱动脑筋、想象力丰富、爱交朋友、讲义气、不怕困难、敢于冒险诸多优点，但唯独在陌生的场合或人多的时候，就呈现出木头木脑“自闭”状态的儿子亮亮，终于卸下了以往心里所存在的害羞与担心表现不好的包袱，敢于在公开场合自然和人相处，从容大方地展现为别人服务的美好品质的事。

亮亮妈妈在文章最后，感慨万分地说——

也许儿子以上的行为在很多家长和老师的眼里都不算什么，也许你们的孩子做到这些都很容易，可是我也要大声地告诉你们，我觉得这就是惊喜，是感动，我想自豪地告诉大家：我为儿子的一点一滴的变化激动着，喝彩着，骄傲着！

亮亮妈妈的这段话，带给我万分的感触，我全然能体会要抚养这种“伪笨”孩子，爸妈需要付出多大的耐心与关怀。

因为我的儿子和女儿都曾经历过这段“伪笨”期。就是两个孩子在家和在熟人面前表现都不错，个性也十分活泼外向，甚至我们成人看着很危险的事都敢去尝试，可是往往“在家是条龙，出外却变虫”，一见到陌生人或到了一个陌生环境里，就成了胆小退缩、笨头笨脑的“智障儿”；在课堂上更是成了“木头人”，老师提问往往不敢出声抢答。

看到别家孩子在公众场合表现出落落大方、高智商的模样，我虽然再三跟自己做“不要拿孩子去作比较”的思想教育，但仍不免有失落感。幸而自己也曾经历过这种“伪笨”期，即便活到了这把年纪，在进入到一些自己不熟悉的环境，面对不熟悉的人物时，还偶尔会出现“伪笨”的行径，因此多少能了解造成“伪笨”的原因——

1. 好面子、追求完美个性使然：太在乎旁人对自己的评价，唯恐表现不够好。

2. 把“不出头”作为自我保护手段：误以为越不受人注意，就越能减少“出错丢脸”和引起旁人忌妒生恨的“风险”性。

3. 不太容易进入情况，反应有些慢半拍。

这些因素造成了隐藏自己优势，展现自己劣势的笨模样。

如何让这种不是真不聪明的孩子，可以脱去那“伪笨”的外衣呢?

我回想自己父母的教育方法，并向一些学教育的朋友请教，同时大量阅读教养孩子方面的书籍，归整出来两个教养大原则——

一是“优点轰炸”:父母用心抓住孩子的优点，予以鼓励夸赞，让他不断得到自己“不笨”的心理暗示，并去创造一些让他们展示“闪光点”的练习机会；二是从旁协助指导孩子如何去克服困难，有头有尾地把事情做好，来改变孩子在自我认知上的一些偏差，让他建立起自己是聪明孩子的感觉。

至于施行的办法则是——

1. 请老师协助帮忙，请他向孩子提问一些较简单的题目，让孩子尝试到答对题时的骄傲感觉，来改变孩子不敢在课堂上发问的胆怯毛病。

2. “放纵”孩子去钻研他感兴趣的事物，协助他去求知、探索与实践，只要求他必须有始有终，不准半途而废，让他在自己感兴趣的东西中，按照自己的速度去学习，从坚持达到成功后，得到“自己也是有能耐的”信心鼓舞。

3. 带他们去“见场面”时，把他们视作成人地正式介绍给其他人。因为孩子在陌生人面前表现出羞涩的模样，常是因为自己的“身份不明”，也弄不清其他人的身份，不知如何称呼和相处之故。

4. 扭转自己“听话老实的孩子才是好孩子”的老观念，不再要求他们言听计从、不准犯错，对于他们一些略有越轨的言行，只要去评估不会伤害到旁人，也不会有太大的危险性和事关品德，就睁一只眼闭一只眼，“养大”他们敢从错中求进步的胆量。

5. 把夸赞放眼在他小小的进步上，如："真棒，今天做功课的时间比昨天快了五分钟！”“了不起哟，今天数学比昨天少错了一题！”“不简单，今天作业上的字比昨天写得工整！”……

6. 在面对孩子屡教屡错、屡错不改，再怎么大动肝火下，觉得孩子真是其笨如猪，也绝对要管住自己的嘴，不要口无遮拦地骂出“你是猪脑啊！”“真是笨死了，连个碗都端不好！”这些充满羞辱贬低孩子的话语，再聪明的孩子几次下来，不笨也被骂笨吓笨了。

7. 不要当孩子在场时，跟旁人说自己的孩子“既笨又傻还懒”，批评他学习不佳和其他缺点，你或许认为这只是句谦虚话，但孩子听进耳里却形成一种负面的心理暗示，认为自己在父母心目中“不够优秀”，烙下“我不行”的印记，造成以后做什么事前都会心生“我这么笨一定做不成功的……还是不要去做吧”的消极态度，把学习成绩不好和做不好事，都一股脑地推到笨脑子上，不再有进取心。

曾经有教育专家对一群被归类为“笨孩子”的，作了一番调查研究，得到了一项让人吃惊的结果——

这些孩子的智商都没有问题，甚至某些孩子身上还显现出某些特别优秀的才能，而他们之所以会表现出笨模样，全是因为被家长和老师们口无遮拦地骂笨，这种消极的暗示成为孩子心灵的腐蚀剂，让孩子情绪低落，产生自卑和自弃心理；还因为家长和老师们在用成绩来认定他们是笨孩子后，就失去对孩子的信心，疏于调教。

郜妈老实招

不是孩子笨，是做爸妈的笨得没有找到他聪明的地方和学会让他变聪明的方法。

6 不需跟孩子去“较真”

郜妈爱说笑

在百货公司卖珠宝首饰的柜台，赵太太对一个戒指显出爱不释手的模样，赵先生便问：“真的这么喜欢它吗？”

赵太太听了直点头，赵先生只好问店员：“这个戒指要多少钱？”

店员说：“原价一万五，但打过折后只要八千八百八十八元。”

赵先生听了犹豫了一下，正准备掏出皮夹时，在一旁的赵太太竟也打开皮包说：“看在你那么体贴的份上，我也付一半价钱。”

赵太太从皮包掏出八十八元说：“老公，我出八千八百八十八元这钱数的后面一半了，剩下的就归你出……”

郜妈侃一侃

在新浪亲子中心“史奉真”的博客看到她写女儿的一二事，哈哈大笑孩子纯真的童言童语之余，也生了些“老”妈的看法。

为什么会去强调是“老妈看法”呢？因为在走过“年轻妈妈”岁月，回首观看以往许多跟孩子“交手”，当时认为是必须严肃以待、认真教育的事，现在看来其实都只不过是孩子们必须经历的长大过程，真的不需要因“想得太多、思虑得较远”，而吓了自己也抹杀了孩子自由思考的能力。

史奉真在她的博文中提到她女儿某天从幼儿园回来，老远就向她报喜：

“妈妈，老师今天又表扬我了。”

史奉真听了脸上飞起花来问女儿：

“是吗？真棒！说说看，老师是怎么表扬你的？”

“老师说，露露把手举起来，大家都向露露看齐。”

相信你在看到这里时，一定会哈哈大笑起来吧？笑孩子的单纯（或单“蠢”）可爱，在笑完后做妈妈的你接下来会跟孩子说什么呢？

露露的妈妈史奉真说：

“真的吗？那是因为你站第一排最中间的位置吧！”

这也会是我在做“新妈”时的回应。

接下来露露和所有“呆呆”的小朋友都一定会吃惊妈妈好厉害：

“对呀，你是怎么知道的？”

“新妈”们多半都会像露露妈妈般摆出“笨啊，连这个都不明白”的脸色：

“一般都这样，谁站在第一排最中间，大家就向谁看齐。”

说到这份上，有个比较严厉的妈妈，或比较“有眼色”的孩子大概就会“哦”的一声闭嘴了，但露露却是个相信“真理越辩越明”的小家伙，于是就有了下面的母女对话——

“不对，老师那一天明明让大家向表现好的小朋友学习，向他看齐。”

“老师怎么说的？”

“老师说，李洋小朋友今天坐得最直，表现最好，我们大家都应该向他学习，向他看齐。”

“那个‘看齐’和这个‘看齐’不是一回事。”

“那个‘看齐’和这个‘看齐’为什么不是一回事？”

露露妈写到这停了笔，没继续说她是如何回应孩子的，我的思绪却未随着露露妈的笔而停下来，我想如果我是露露妈，我会如何去跟露露延续下面的谈话呢？

“新妈”的我所采取的方式应该会有二：

一是或因为心情不好，或正在忙做饭干家务活，或脑子里还想着晚上要加班赶的稿子……而不耐烦地说：“跟你讲不是一回事就不是一回事！”

二是立刻将自己的角色转换为循循善诱的“老师”，开始长江大河地跟孩子去说明“向李洋看齐和向露露看齐有啥不一样”，结尾还定要加上一句“有为者当若是”来鼓励孩子。

但当转换成“老妈思维”时，其做法可能就会是不急于去跟她解释“两个看齐不是一样齐”，而是把问题抛回去给她思考：

“你为什么认为向李洋看齐和向你看齐是一样的呢？”

同样是“妈”，“老妈”在跌跌撞撞地走过了为儿女烦心、伤情的迢迢亲情路后，终于弄明白了每一个做父母的，虽然都是站在为子女着想的立场去替子女作“最好的安排”，但是真的并不是所有的着想安排都是对的，是唯一最好的选择，开始学会了真的不需太过“认真”看待每一次跟孩子的相处交谈，都必肩负要“教”给他们什么有用的知识、正面的品德教养的重任；学会了宁可稍稍冒上一点可能会让孩子“学坏”、走一些冤枉路的风险，去睁一只眼闭一只眼地不跟孩子“较真”，不将他们的思想言行都用“标准尺”去规范；学会了不再用打造伟人的标准，去事事“认真”地和孩子较劲辩真理……

学会了去耐心欣赏和等待，孩子会用自己的速度和想法，长成什么样的花花朵朵……

史奉真在她的博文中还记录了另一段她和露露的谈话——

“妈妈，你姓的那个史是哪个史呀？”

“历史的史。”

“历史是什么呀？”

“历史就是过去的事儿。”

“是昨天拉的‘屎’吗？”

“不是。”

“为什么昨天拉的屎不是过去的事儿？”

见妈妈不答，露露又追问：

“历史臭吗？”

“历史怎么会臭呢？”

“那历史甜吗？”

历史究竟是臭是甜，端看你摘取看待的是哪一段历史，每个人都应有不同的看法吧？

我们跟孩子一起成长的岁月，有朝一日也会成为我们家族中的“历史”，而这段历史你希望留在你和孩子的心灵中是臭还是甜呢？

郜妈老实招

对于孩子所说的话，父母不需太“严肃化”去看待，尽量尝试用理解孩子的感受、想法的语言，来重复陈述孩子未完整表达的话语，或是不去作任何评价的倾听；千万不要执意引导孩子朝着自己期待的方向作思考与表达，或长篇大论地讲道理。

7 如何和孩子"讲道理"他才肯听

郜妈爱说笑

一群都是第一次坐飞机的阿公阿妈组团去日本旅游。

一登上飞机，阿公阿妈就看到座位既豪华又宽敞的商务舱，立刻就拽起已坐在椅子上的商务舱旅客要他们起身让座：

"起来起来，这是博爱座，年轻的去后面坐。"

空服员连忙上前去作解释，但这些阿公阿妈却不肯听。

正闹得不可开交时，带队的导游出现了。他走上前去，大声向那群阿公阿妈说：

"阿公阿妈！这前面座位是要飞去美国的啦，飞日本的要坐后面啦。"

此话一出，只见那一群霸着商务舱座位的阿公阿妈赶紧跳起来，慌慌张张地冲到机舱后面。

郜妈侃一侃

只要得空我都会上新浪亲子中心我的博客圈友们的“家”去逛逛，某天逛到“今昔何年的心灵花园”（http://blog.sina.com.cn/zhenger0130）时，正正妈妈的《孩子开始有个性》这篇文章吸引了我。

正正妈妈说，到外地学习离开家二十多天后，发现五岁半的儿子正正变得嬉皮笑脸不听大人话了。并且让她备感惊讶的是，孩子不仅会以言语来反抗父母，甚至还会用“全武行”的拳打脚踢来与长辈对抗。

引起亲子争端的事件起于正正妈妈夹豆角给正正，正正拒吃，爸爸与妈妈就一起唱双簧说要送正正去受军训接受锻炼一下，保准回来就会变乖了。结果正正听了发起火来，用脚踢伯母来发泄。

爸爸发现了立刻出言呵斥儿子停止，儿子不仅不听还打起伯母来。爸爸见状拉起儿子的手狠打了一下，还出言恐吓要把儿子给赶出去。

小家伙接下来的表现让妈妈大吃一惊——

他居然发起狠劲对爸爸拳打脚踢起来，正正妈妈看着儿子对父亲的蛮横，既好气又好笑，而伯母则是在一旁笑得喘不过气来。爸爸一面挡着儿子的拳脚，一面也忍不住笑了；小家伙则是一副“来真的”的模样继续使着蛮劲跟父亲“格斗”。

正正妈妈怕再不拉开那蛮小子，爸爸就会被惹恼了，赶紧把他们爷俩拉开，然后对儿子说：

“给你十五分钟赶紧把饭吃完，没吃完有你好看的！”

听到母亲严厉的斥责，儿子意识到事情闹大了绝没有好果子吃，于是乖乖地把豆角饭给吃完了。

吃完饭，正正妈妈要求儿子反省错误并向爸爸与伯母道了歉，爸爸在接受儿子心不甘情不愿的道歉后苦着脸对妈妈说：

“看到儿子打老子，我的心都要碎了，因为才五岁半就敢向老子动手，而且出手这么重、力气又这么大，再大一点还不翻了天？是不是我们对孩子的教育出了问题？”

我在看完这篇“家庭剧”后，心生几个疑点：

“为什么在没有妈妈‘监管’下的儿子，短短二十多天就会有如此的大变化？”

“为什么小家伙发泄怒气的第一对象会是伯母？”

“为什么会跟爸爸动手，妈妈说的话他比较会听？”

“为什么被要求认错道歉，小家伙会心不甘情不愿？”

在思索中，我忆及近日发生在我七个月大的姨外孙女身上的事——

七个月大的姨外孙女最近突然有撮起小嘴向人喷口水的习惯，记得第一次她做出这个怪动作时，大家在吓了一跳后都笑了起来，抱着她的爸爸甚至还满脸得意地夸赞道：

“我家小妞长本事啰，居然会对人喷口水了！”

小丫头大概是受到大家笑容和父亲夸赞的鼓励吧，从此时不时就表演喷口水的把戏，尤其人越多她表演得越来劲，后来甚至还演变成当她不想吃牛奶或其他食物，就把喂进嘴里的东西用喷口水的方式给喷吐出来。

负责照顾她的外婆警觉到事态有些严重了，于是每当小丫头又在玩喷口水的把戏时，就会瞪起眼睛严厉地对她说：

“不可以！”

但是小丫头的外公与父母在看到她喷口水时，仍是先大笑然后温温柔柔地说：

“小妞，不可以哟！”

所以小丫头现在仍常爱“表演”喷口水、喷食物的把戏，但这个“表演”只限于在她的外公与父母面前，在外婆面前则不敢，因为外婆会对她发出斥责和瞪眼睛。

小丫头后来又变了一个新把戏，就是把眼睛、鼻子、嘴挤成一个“肉包子”的模样，大家很惊讶她怎么会做出这怪模样的。后来发现，是因为她的父亲经常对她挤眉弄眼与嘟嘴，小家伙只不过是“有样学样”地模仿罢了。

连七个月大被许多人认为还“不懂事”的小婴儿，都懂得去分辨在哪些人面前需“守规矩”，哪些人是可以向他“使坏”的，更何况是比她大许多的孩子呢？

所以正正生气时第一个去踢打的伯母，绝对是他所认知的“软柿子”——

或许是在家里地位最低说话最没分量，或最宠溺放任他一些不当行为（如看到孩子打父亲竟然表现出笑得喘不过气来），或常嘴巴说得狠但却做不到，或自己就有一些不良言行让孩子瞧不起……

会跟爸爸动手搏打，则应是出自于一种“模仿”，认为跟较常使用“责打”方式的爸爸作“沟通”，就是要用拳头来争打出个真理。

另外，通过最后妈妈是“用说的方式孩子就听”来让这场亲子风波收了尾和妈妈不在家二十多天孩子就变了样的这两件事，让我看到了其实在家里最能让孩子服管的应该是正正妈妈。

这场亲子风波的结尾，虽然在妈妈的劝说下正正作了反省和道歉，但却是“心不甘情不愿”。

看到正正妈妈写到儿子道歉的那一段，我脑中浮现起小家伙嘟着一张脸道歉的委屈模样，忍不住替他打抱不平起来：

1. 妈妈为什么不肯问一下不愿吃豆角的理由？像我的女儿从小不吃茄子，后来长大了却极爱吃某家餐馆做的酱爆茄子，问她怎么改了口味了，她的理由是这家餐馆烧的茄子去掉了紫色皮。

所以儿子不肯吃豆角或许是觉得今天的豆角烧得难吃，或许是连续几天都是吃豆角，或许是讨厌豆角的味道、模样……但父母却不问理由地不“尊重”他有选择吃或不吃的自由，让正在“长个性”学着“拿主意”的他觉得个人意志受到了侵犯，难怪会发火。

2. 爸妈唱双簧地以他不了解的一个名词“上军训”来恐吓他，让他对那未知的名词产生极大的害怕而生出愤怒，猜想伯母在一旁也必然露出嘲笑声与应和声，孩子在害怕又下不了台之下，当然找个“软柿子”来出气。

3. 爸爸的责打和恐吓“赶出去”，更让正正将前面父母所提及的他所不理解而产生害怕的“上军训”作连结，更加深他误以为“父母不要和不爱他”的疑惑恐惧，自然就产生出“狗急跳墙”和父亲“拼命”的举动。

非常欣赏赞同正正妈妈爸爸事后协商达成一致的管教观念，就是对孩子要有耐心，态度要温和，要多讲道理、少用“暴力”，但还是要忍不住给正正妈妈爸爸提个醒——

“讲道理”必须是双方都能有机会讲“自己的道理”，而不是只给父母跟孩子讲道理的机会，却剥夺孩子跟父母讲道理的权利。

郜妈老实招

亲子互动就如同面对面在玩一个“滚球”游戏，你来我往之间，如果双方都能保持礼尚往来，自然就会形成一套良好的亲子互动规则。

8 爱孩子的心要大，帮孩子的手要短

郜妈爱说笑

爸爸：“奇奇啊，你是我见过最爱干净的人了！”

奇奇：“真的吗？爸爸你是怎么看出来的？”

爸爸：“因为不管要你做什么事，你都会把它推得一干二净，全都推给爸爸妈妈去做！”

郜妈侃一侃

由“郜妈的窝”和“青岛育儿妈妈合作社”两个博客圈的圈友齐集青岛举办“你家旧爱我家新欢”、“爱心点灯”的活动启动后，许多参与此项活动的妈妈们在她们的博客上交了“作业”。

这些妈妈们写的“作业”我都仔细地拜读了，并将一些妈妈对活动所提出的建议收藏下来，作为续办活动的参考。另外，我也想针对这次活动时与妈妈、孩子的交流中，写上一些自己在当时可能没有时间或机会说清楚的话。

这篇我写的是回应来自 http://blog.sina.com.cn/qingshenyumeng

的博文。

我曾在去青岛演讲时给蒙蒙妈在我的《巧妈咪 NEW 一下》书的扉页上签名时留下："蒙蒙妈，手要放懒些"。

博文大意是蒙蒙妈说当她看到这句话时不由得汗颜，因为虽然我只和她接触了一个晚上，但我却一针见血地指出了她育儿上的一个不足。

跟蒙蒙妈初次见面是在我刚抵达青岛的那天晚上，蒙蒙妈带着蒙蒙还有另外两个妈妈和小朋友一起去帮我制作送给青岛妈妈们的礼物。蒙蒙负责写字，当蒙蒙妈完成自己的工作时，就想去顶替蒙蒙。因为担心蒙蒙写得太慢，怕耽误时间，想早点结束工作让我早点休息。我当时就忍不住阻止蒙蒙妈，说她应该让孩子坚持完成自己的任务，有始有终，不该用自以为正当的理由剥夺孩子们坚持下去的机会。

先要跟蒙蒙妈道个歉，因为当时我并没了解到蒙蒙妈是出于体贴我之心，全然以为蒙蒙妈是心疼孩子，怕他写字太累。

接下来，我想"倒片重放"一下留存在我脑中对当天的记忆，这些记忆未必全然正确，因为人往往选择自己想要"看见"与"记得"的事。

当晚我们干的活是将我从台湾搜集得来的一元硬币贴在卡纸上，然后在"一元"后写下"复始，万象更新"，然后签上"郜妈 2009.1.23"。

由于要制作一百二十份礼物，因此采取分工合作的方式进行，我负责签名，蒙蒙在其他孩子公认“字写得最漂亮”的推举下，担下写“复始，万象更新”贺词的重活，妈妈和其他孩子则负责贴硬币。

蒙蒙的字果然写得十分工整美丽，让写字丑丑的部妈汗颜。蒙蒙也写得十分开心与认真，但随着其他孩子都做完贴硬币工作开始玩时，蒙蒙开始变得有点心不在焉了（这事也给妈妈们一个提醒——绝对要给孩子一个不受打扰的做功课的环境）。

细心体贴的嫚嫚跑过来问我：

“阿姨，我也来写字好吗？”

（嫚嫚的字也写得十分工整美丽，让部妈我又一次地流汗脸红。）

此时，贴完硬币又收拾好那些碎纸片开始闲下来的蒙蒙妈走过来，对蒙蒙说：

“蒙蒙，让妈妈来帮你写字，你去玩好吗？”

蒙蒙不放心地问：

“你行吗？”

蒙蒙妈：

“行的，你去玩吧！”

蒙蒙站在妈妈身旁仔细“监督”妈妈写了两张卡片后，方才“放手”给妈妈接下她写字的活，嫚嫚也随即放下了写字去玩耍了（瞧，一个勤快妈妈剥夺了两个孩子学习“做好孩子”的机会）。

我当时听到蒙蒙妈用极其温柔的口吻向蒙蒙“讨”活干，同时，得知蒙蒙妈为让蒙蒙肯“放心、放手”，努力去模仿蒙蒙工整的写字法时差点没昏倒，忍不住就对蒙蒙妈展开批评：

“蒙蒙妈，你是在剥夺孩子学习要有始有终坚持下去的习惯啊！”

次日，我站在门口给前来参加活动的爸妈送小卡片时，蒙蒙也站在一旁，当看到我送出去的是她写的卡片时，她充满骄傲地对来宾说：

“这卡片上的贺词是我写的！”

“字写得真漂亮！”

我听了心想，如果这些卡片全都是由蒙蒙一人坚持完成的，带给她的鼓励和肯定该会更大吧？

看到这里，或许会有些妈妈替蒙蒙妈鸣不平了：

“这做人可真难，明明是出自体贴之心的，谁想到会对孩子造成反面教育呢？”

在这件事的处理上，如何能既体贴了旁人，又能不疏忽对子女的教育呢？部妈有些“事后诸葛亮”的建议——

征求蒙蒙和其他孩子同意，让孩子一起来帮蒙蒙完成写字工作，这些担负“写字”工作的孩子，一定都会在“输人不输阵”的荣誉心驱使下认真努力地去写好字。

不管这些孩子写的字有多么不好看，做大人的此时一定要努力去寻找出“看得顺眼”的字，用力地夸赞，让孩子体会到“只要认真努力，就一定能做好事情”的成就感。孩子通过这次的“成功教育”，可能就会努力把字给练好呢！

中国有句老话说：心急吃不了热豆腐。在管教孩子上也是如此。想要孩子能“长大”，就必须要留给孩子逐渐成长的时间和空间。

所以父母即便急在心里，也千万要慢在“嘴上”和“手上”。

一开始可以从一些生活小事做起，先给孩子定上一些他力所能及、难度不会太高的要求，然后放手让他自己去完成，有时父母也可提供一些帮助，但仅止于一些方法上的“建议”，而非命令式要他只是照着你的方式去做，或是干脆插手帮他完成。

每当孩子在独立完成一件事后，自信感和责任感都会跟着增强一分。

蒙蒙妈说，在挨了我批评她“手太勤快”后，她开始痛定思痛，寻求改变。

蒙蒙妈想起在扎小辫上蒙蒙毛病特别多，很让她头疼，她自己像蒙蒙这么大时早就学会自己扎小辫了，但蒙蒙至今却习惯一起床就坐在小凳子上等着她“服务”。于是蒙蒙妈第一堂给自己定下的“懒妈妈课”，就是放手让蒙蒙自己学习扎小辫，选了蒙蒙不上课的周日做第一天培训（从选了不赶上课的周日为培训开始日这点，可瞧出蒙蒙妈智慧之处）——

“蒙蒙，从今天开始你自己学着扎小辫吧！”

“不嘛，我不会扎两个，不会分界。”

“那你就扎一个吧！”

“不嘛，扎一个不舒服，前边那么多碎头发。”

“蒙蒙，你已经九岁了，应该学会自己的事情自己做了，正好今天没什么事，你慢慢学学吧！”

蒙蒙不依，开始撒娇地哭起来：

“妈妈，你帮我扎好吧，我不想浪费时间，我想利用这个时间弹琴！”

瞧，孩子很会抓住妈妈怕耽误孩子学习的心态哟！但蒙蒙妈这次却是吃了秤砣铁了心，并不因为蒙蒙的哭闹而生气发脾气或屈服。

“蒙蒙，没关系，今天有的是时间，学会自己的事情自己做，这比弹琴还重要。以后妈妈也要放慢脚步，不催你做这做那，还是先把小辫扎好吧！”

蒙蒙妈狠心不去理会蒙蒙哭着一遍遍地扎了拆，拆了扎……

慢慢地蒙蒙情绪稳定下来，小辫也已经扎好了，虽然这个过程用了近一个小时，但蒙蒙妈觉得这时间花得值，一点儿没觉得浪费！

许多妈妈都能做到如蒙蒙妈星期日所表现的“一时或一日的坚持”，但要一直贯彻这“坚持教育”，可就是充满了挑战的，因为聪明的孩子会使各种招数来向妈妈的“懒决心”挑战。

不傻的蒙蒙当然也会如此，在扎小辫教育实施到第四天早上，蒙蒙又开始软磨硬泡要妈妈帮她，但蒙蒙妈继续坚持不肯，因为她已意识到——

再好的教育方法如果不能坚持下去，一切都将归于零。

虽然蒙蒙现在小辫扎得很不好看，但那也是她自己的成绩，谁也不可能一开始就能扎漂亮了，总有一个过程，不练习永远也扎不好。

蒙蒙妈也在这个自我培训做懒妈的过程中，琢磨出一些懒妈语录——

手放懒些！给女儿更多自己的空间，更多自己实践的机会，更多自己作决定的时刻。

手放懒些！虽然急在心里，也得慢在嘴上、慢在手上，孩子总要自己慢慢成长，该受的苦该遇的坎都得自己去经历。

手放懒些！女儿有自己的思想，有自己的人生，做妈妈的我代替不了。

手放懒些！这句话我会铭记在心，时时提醒自己。

郜妈老实招

想做个懒妈容易也不容易，容易的是只要管住手和嘴不快快提供服务、指导就成；不容易的是脑子可懒不得，得忙着去思考如何有智慧地运用方法，让你的懒不是成为孩子的坏榜样，而是还给他自我成长的机会。

9 由胆怯到独立自信的成长路

郜妈爱说笑

有一个刚从乡下嫁到城里的妻子非常胆小害羞，因此当她独自一人在家时，总是不敢去应门。

有一天，她独自一人在家时，恰好收水费的人上门，她不敢开门但那人却又摁着门铃不放，情急之下这位乡下太太想起一计，就是学着鹦鹉说话：

“主人不在家，主人不在家，下次再来！”

果然，那位收水费的人在听到她的“鹦鹉话”后就离开了。

次日晚上，收水费的人再次上门，是丈夫开的门。一拉开门，收费员就向他抱怨他昨天白跑了一趟的事。丈夫说：“我太太在家的啊！”

“我也知道你太太在家，所以我一直摁门铃啊，但她却一直只是学鹦鹉说话，不肯开门把钱给递出来啊！”

郜妈侃一侃

儿子小时候有个绰号叫作“小阿里”，会被取上这个绰号，是因为皮肤黝黑肥肥壮壮的他，长相酷似微缩型的美国拳王阿里。

但这个小阿里儿子在性格上却与拳王阿里南辕北辙，非常的胆小懦弱还怕生爱哭，怕生的程度是他不熟悉的人看他一眼，他都会害怕得哭起来，直到那人将眼光移开他才止住哭泣，所以又有另外一个绰号叫做“小开关”。

他的胆子比小他三岁的妹妹还要小。我为了要磨炼他的胆量，常常故意差遣他去巷口便利商店买东西，但他每次都要拉着妹妹陪伴。

女儿直到今天还最喜欢说某次我将他俩放在家里，和丈夫外出购物迟迟未归，儿子抱着妹妹痛哭，妹妹拍着比他高出一个头的哥哥安慰的糗事来消遣他。

儿子小时候还有一个令人受不了的毛病就是犹豫不决，小至让他选择要吃哪种冰淇淋，他都要犹豫半天难以决定，最后扯着我问：

“妈妈，你认为我吃哪一种冰淇淋好呢？”

但现在这个胆小、没主见的儿子，长大后却有了一百八十度的改变。

他可以在面对故意“找碴”的评分老师时，胆虽惊但色不怯地陈述自己的设计理念。在面对我质疑他继续进修建筑，并且放弃知名大学去纽约读一个虽在当地建筑业界受推崇，但在台湾知名度却不高的艺术学院是否合适时，可以态度温和却坚定地跟我说：“妈妈，我的选择我负责！”并提出他通过网络查询了解到的有关那个学院的教学理念和传授学科重点，来作为支持他的决定的论点。他可以不似其他同龄孩子，仰靠着代办留学公司帮忙申请学校，而是通过自己平日所建立下的人脉关系，向在留学公司服务的朋友和一些学长老师咨询，然后再通过网络去查看学校数据，跟那些学校老师和一些在该校就学的学生做一些交流，自己办理好申请学校的烦琐事宜。他可以在得到学校许可入学通知后，通过朋友的引介在纽约找到暂时落脚处，然后独自拖着两个大皮箱从台湾飞到纽约，然后在短短半个月内找到适宜的居所，并到银行办理好可以得到较优厚存款利息的学生账户……

儿子能有如此良好的改变，全赖恒久的“忍耐”与“支持”，来缝补那松掉的爱的袖口。

初初看到儿子处处表现出懦怯的模样，我也像大多数的妈妈一样着急生气，尤其是旁人还拿他这种个性来说笑，更是觉得自己教育失败、脸面无光，因此难免会焦躁地对他大吼：

“你怕啥啊，别的小孩都敢做的事你为什么不敢？比妹妹胆子还小，真是没用！”

“连选吃一个冰淇淋都要妈妈来替你作决定，你自己不知道自己想吃什么啊？”

“就只会哭，小朋友欺负你，你不会去告诉老师啊？”

后来发现，这些斥责不仅无益于改善他懦怯的习性，反而让他更像个受虐的小媳妇，一言一行更拘谨胆怯，随时窥伺着我的眼色说话做事。

某一次，我和丈夫在逗弄着女儿玩耍，我无意间将眼光一转，看到缩在一角的儿子用极其羡慕渴望的眼光看着丈夫、我和女儿所组成的“天伦图”，儿子的眼光让我心头一震，满怀歉疚与惭愧地想：

“这样的孩子也是我亲生亲养的，如果连我这个亲生母亲都不能去爱他的话，那这个孩子不是太可怜了？”

而真正的爱应是什么？就是不管孩子是否合乎你的期待，你都能无条件地去接纳他的好和不好。

从那日起，我开始认真学习有耐心地去教导和等待儿子“变好”。

而从耐心观察中理解到儿子的胆小，其实是来自于他天生敏感与自尊心强的个性，以及没有给他建立安全感和培养他的自信心，而怕失去妈妈对他的爱，则是造成他没有安全感的主因。

至于他的犹豫不决，一方面要怪我太大包大揽他的生活所需，未曾有计划性地去培养他自己拿主意；二方面则是由于儿子太过于想讨好我这妈妈的心，以为顺从母意就可以博得妈妈的欢心。

我试着去放低对儿子期待的标准，用半鼓励半强迫的方式来增加他的胆量和决断力。比如说在带他去逛卖场、书店或玩具店时，不再独断专行地替他作决定购买什么，而是放任他犹豫不决地去挑选再挑选，不催逼他快做选择，并把钱交给他，让他去跟店员交涉购买，我自己则远远地站在一边观看。

记得他第一次独力完成挑选购买一个古董汽车拼图时，兴奋骄傲得小脸红红的，笑容像朵怒放的太阳花，我给了他一个大大的吻，对他竖起大拇指夸赞：

“儿子真棒，会自己选东西和买东西了！”

回去后问他为何会挑选这个拼图时，他大人气十足地跟我分析，他在挑选过程中观察比较了其他玩具，发现许多玩具玩法太简单了：

“我玩一下子就会觉得没意思了，但这个拼图可以玩上一段时间。”

闻言我心里暗暗吃了一惊，体会到在我们大人眼中只不过是一个小玩具的选择，但在小孩的思维中却是一个需要多方考虑的大决定，而父母若肯信任孩子的能力，愿意放手耐心去等待他们作自主选择，那么这一次次选择，就会成为培养孩子观察、比较、分析、判断与决定的锻炼良机。

在放手让儿子去做这些“小东西大决定”的过程中，我看到儿子像是一朵花般慢慢地绽放出自信的风采。

郜妈老实招

想要孩子胆小、没主见，常说下面几个关键词准成——

1. 不解释任何原因也不听孩子的想法就是说：“不行、不可以！”这种简洁有力的话语虽然可得到即时性的效果，却会影响孩子的判断力，只知道盲从或因为反对而反对。

2. 当孩子提出任何要求时都以“等一下”来应付，然后就没有下文了。这种前后不一致的说话方式会让孩子失去信任感，因此在忙碌时不妨先重复孩子的语意，然后表明自己在忙，让孩子觉得受到重视。

3. 总是不满意孩子的表现，经常对孩子说：“你看看你，再看看人家！”这种教育方式对孩子自尊心伤害最直接，会造成孩子“我比别人差”的潜意识。

4. 常将“你一定要”、“你必须”来将自己的期待加诸于孩子身上，对孩子提高要求。

5. 当看到孩子做事时说：“瞧你笨手笨脚的模样，放手，我来做！”让孩子产生对自己能力的不信任感，造成自卑与依赖性格。

10 替孩子做相信与感恩的祷告

郜妈爱说笑

在火车站候车室里，一个男人手忙脚乱地在照顾着一个小婴儿，围在他旁边的一群人，则在七嘴八舌地赞美着这孩子：

“你的孩子好可爱啊！”

但照顾孩子的男人却说：

“这不是我的孩子。”

“那是你兄弟的孩子？”

“不是。”

“你姊妹的孩子？”

“也不是，是我的顾客服用我向她推销的避孕药却失效的退货。”

郜妈侃一侃

每个星期日下午，我都会参加一个由基督徒所组成的聚会。

聚会中大家除了会一起读圣经唱诗歌外，还会确立一个主题彼此分享经验。

某次会谈的主题是“如何改善亲子关系”，经常向我们抱怨儿子童同顽皮与不认真学习的童同妈妈，跟我们分享了她最近借着写“赞美日记”来改善亲子关系的经验。

所谓的“赞美日记”就是做妈妈的在每天所写的日记中，尝试写下孩子让人欣赏赞美的地方。

童同妈妈很坦白地对我们说，在刚开始的那几天写“赞美日记”时，她都觉得痛苦万分，因为心里充满的都是孩子惹人生气让人烦恼的事，实在找不出他值得欣赏赞美的优点。

她只好拼命把记忆往前推，几乎想破了头，才终于给她想出儿子还在读幼儿园的时候的一件事。有天她生病躺在床上，儿子用他小小的脸颊贴在她的额头上，来探看她有没有发烧，还去端了杯水给她喝，要她多喝水多睡觉，病才会快点好起来。当时让她很感动。

接着，又想起儿子在读小学一年级时，她在电视机前的沙发上睡着了，醒来后发现身上盖着儿子的小被子。原来是儿子怕她受凉特别帮她盖上的……

童同妈妈一天天地写着“赞美日记”，也一点一点地想起了孩子好多可爱体贴、善解人意的优点。看到孩子越来越多优点的童同妈妈，心境开始改变，看儿子的眼光和跟他说话的口吻，也由原先的批评挑剔变成了真心的赞美。

如在同样是看到玩得一身臭汗回来的童同这件事上，在没有写“赞美日记”前的妈妈，一定会破口大骂道：

“每天都疯得像只泥牛似的才回来！”

但现在的童同妈妈，看到的却是儿子小脸红彤彤、活力健康的可爱模样，而忍不住会去亲亲他的小脸蛋。

童同妈妈这种从尝试对孩子的“刻意欣赏”，最后转变为“真心赞美”的亲子互动过程，我在抚养儿子时也曾经历过。

“重女轻男”的我从儿子一出生时心就有所失落，加上儿子幼儿时代不论长相与个性，都不合乎我喜爱欣赏的“标准”。亲友们对于这个爱哭怕羞的小孩也都了无兴趣。因此，当可爱漂亮的女儿出生后，儿子更是遭到大家的冷落。

有一次，当丈夫和我又在心肝宝贝地逗弄女儿玩耍时，我突然瞥见孤独地坐在一角的儿子，眼中流露出对于父母关爱之心的渴望神情，心中顿时产生了无限自责：

“如果连我这个亲生母亲，都无法欣赏喜爱自己的孩子，那又如何去希冀别人能喜欢他呢？一个孩子如果连自己的母亲都无法无条件地去欣赏喜爱他，不是太可怜了吗？”

儿子孤独渴望爱的眼神像一支鞭子抽打着我，激励我必须放弃自己对儿子的“期待”，想办法将自己的注意力专注于寻找儿子的优点，将这些“小小”的优点去“放大”。

而后奇迹就如此发生了，尽管我还是看得到儿子那些不讨我喜欢的缺点，但是它们却变得微不足道。因为我发现儿子有越来越多我以前没有看见的，但后来因为我的欣赏赞美而激发出的优点，它们足以掩盖那些“不完美”。

其实，几乎每个妈妈都曾替孩子写过“赞美日记”，因为妈妈们在怀抱初生婴儿时，眼底嘴里洋溢的都是赞美欣赏——

当孩子跟着音乐发出一个无意识的单音时，我们“相信”他将来会成为一个歌唱家；当孩子舞动着小手小脚时，我们“相信”他未来能成为舞蹈家；当孩子发出咿咿呀呀的声音说个不停时，我们“相信”他将来会是个“演说家”；当孩子把小脚往上奋力一踢时，我们“相信”一个足球健将诞生在自己家……

我们在孩子的身上看到了无数可爱可喜的优点，并相信有无可限量的潜力储藏在我们孩子的身上。

然而不知道从什么时候开始，我们不再“看见”和“相信”孩子有啥值得我们去赞美欣赏的好，甚至连以往我们认为讨喜可爱之处，都转为负面的批判。

而一个连自己父母都“不相信”他是好孩子，“不相信”他能有所成就的孩子，如何能好得起来呢？

在北京奥运会中，缔造了奥运史上单届获得金牌数最多纪录的菲尔普斯，在面对全场观众的欢呼时，却急于奔向他母亲黛比所在的看台，为的是想和妈妈拥抱和亲吻。

因为，当菲尔普斯的父亲和老师都放弃他时，只有他的母亲

“相信”——

只要做妈妈的她，能坚持与儿子并肩作战的决心与爱心，儿子必定能成就心中所想！

果然，菲尔普斯在母亲“相信的爱”的支持下，由众人的嘲笑中走向众人的赞赏欢呼中。

当看到菲尔普斯夺得金牌与母亲流泪拥抱的画面时，一首由一位残疾朋友刘丽红所创作的《你的祷告他听见》浮上嘴边——

山里有个小孩，求主赐他晴天，希望能过个好生日，
但那天却下雨，人说神不听祷告，
孩子说，主会听，主每次都会听，
只是这次他告诉我不可以、不可以，
只是这次他告诉我不可以。
神听你祷告，他从不失信，你只要安静等候。
神听你祷告，当献上感恩，你不要怀疑放弃。
黎明就要从黑夜中破晓，新的一天就要勇敢出现！
你的祷告他听见——他听见！
你的祷告他听见——他听见！

我们做父母的在抚养孩子时，一定要像那向神祈祷的小孩，坚定“相信与感恩心”，去相信和感恩神赐给每个做父母的孩子，

都是他经过千挑万选出来的“精品”，我们做父母的不要去怀疑和放弃，要坚信孩子定能成就他心中的愿景，我们只需怀着感恩的心，去“看见”孩子的优点，设法帮助开发他的潜能，然后——耐心安静地去等候……

郜妈老实招

欣赏与赞美是做父母的“义务”，做父母的可以善用文字、图画与肢体语言来赞美和鼓励孩子，但需注意这些赞美鼓励需有具体事项，避免流于贫乏浮滥。

如尽量避免以先天的优点如“长得真是好看、可爱、聪明”等字眼来夸赞孩子，而以他后天的努力为夸赞欣赏的重点。

后记

在孩子的生命中只做一盏灯

住在美国的外甥想利用暑假带几个外国朋友来台湾玩，娘家人在得知这个消息后，纷纷催促我这爱玩的大阿姨，能替他们规划出一个“台湾 × 日游”的行程，甚至希望我能拨出时间来做地陪，以利他们能在短短时间内将台湾玩透透。

我却再三推辞这个重任，只肯提供他们台湾各旅游景点的资料，并让他们能取得旅游台湾的交通与住宿信息网站的服务。因为，我可是有养大两个孩子丰富经验的智慧老妈，打死都不会重蹈覆辙地再去干新妈才会犯下的“好心被狗吃了”的错误。

不去做贴心周到的安排，不是不爱和不关心，而是即便再亲如自己儿女的，在处理属于他们“自己”的事时，父母依然是“外人”，不能去明白孩子真正的需求与想法。父母自认为安排得再完美无缺，孩子也还是有可能会跟你“不识好人心”地闹脾气。

因为人心是奇妙的，自己做的选择，即便是错误的、苦不堪言的，都愿意去挨甚至能在苦中求乐；若是依着旁人安排好的，即便没有怕吃亏、被算计的疑虑，也会有如没有尝试飞行的鸟，再舒适贴心的安排也总觉得“少上那说不出来的一点”。

“儿孙自有儿孙福，莫为儿孙做马牛。”这句老人言每位父母都能朗朗上口，但有多少父母能真正参透和做到？尤其是新手父母，总是恨不得能多生出一双手一对脚一个脑袋，来替孩子多做一点、多走上一点路和多考虑到一点。

我认识一位总是习惯以“叹气”来作为逗号、顿号与句号的年轻女孩。她的母亲是位事业有成的女强人，自小就安排好了她未来接掌事业。女孩在校时功课表现并不十分理想，但还是顺利地完成了大学学业，并且不需如其他同学般地忧虑求职问题，顺利地进入老妈的企业任高职，在老妈的庇护带引下渐渐也被扶起，有了做“领导人”的能力，一些当年在学校成绩比她表现优异的同学，反倒成了矮她一截的下属，她的丰足际遇让许多跟她同龄的人羡慕不已。

可当这女孩和她母亲站在一起时，明明两人是相差了三十多岁的母女，却往往会给人造成两人是姊妹的错觉，她的母亲不仅看起来比她有朝气活力得多，而且有越活越年轻的趋势；而肩膀塌垂、满脸抑郁、开口闭口都是以叹气声做开头与结尾的她则是以惊人的速度在快速变老。

她常对我说的话就是：

“我活在母亲的安排下，觉得日子过得真的很无望，我痛恨母亲把她六十岁的生活和工作方式，强塞进我二十八岁的生命里。”

她虽贵为总经理，但凡事拍板定案的还是她母亲；她用来出入的豪华轿车、有私人游泳池的上千平方米住房，挂的也是她母亲的名字；身上戴的名贵珠宝、穿的名牌服饰，是由她母亲相熟的店家送来；甚至她交往的男友都必须经过母亲的钦点……

我鼓励她挣脱母亲对她的安排，走出属于自己的一片天地，但被母亲养驯的她却没有勇气踏出那第一步，深恐离开了她母亲这盏“明灯”的关照，她的前途可能会落入一片黑暗，于是继续过着那以叹息声开始以叹息声结束的日子。

曾在网络上看到一个故事，有一对孪生兄弟幼时因为家贫而被不同人家收养，个性活泼的哥哥被一位和尚收为弟子，个性温顺安静的弟弟进入一个小康人家做养子，后来娶了这家人的美丽女儿为妻，生下一双儿女。

长大后两人相遇，做哥哥的羡慕弟弟能娶妻生子，过温馨的家庭生活；弟弟则羡慕哥哥能皈依佛门，远离为家小拼博生计所需烦愁。于是相商交换身份生活。

一个月后两人又再度见面，发现彼此不仅不为因为“过了自己想要的生活”而欢喜快乐,反而比以前更觉痛苦忧愁,不由感悟大叹：“还是做自己最好。”

有位在北京任高职的朋友，一直很不能理解我每次去北京时力辞他以轿车接送，宁愿冒着酷暑或寒风去乘地铁转公交或坐“11路（步行）”。

直到有一天他在头脑不清下受我引诱，从他公司步行回家，在那一小时的“自由行”里，他惊讶地发现，北京的春天，花朵是如此的灿烂美丽；北京穿屁帘的小娃长得真的跟年画里的孩童般的粉团团；举着一串糖葫芦和羊肉串坐在街边石墩上享用，是何等的悠游畅意；想走到哪脚步停到哪、想走快行慢都能任随己意左右的大自由……终于体会到我所坚持的“舒适诚可贵，自由价更高”。

从此他再也不勉强我一定要接受他轿车接送的安排，因为他明白了，在别人的生命中，你永远只能当盏被人握在手里的电筒，或提供照明与温暖，或只是“提供安心”的备而不用的工具。

在孩子的生命中，父母要学习的功课不也是如此吗?

只需去做一盏提供照明功能的灯，让孩子用自己的眼睛去看清和选择他们要走的方向,而不是把你自认为正确该行的路径替他指出。

只要去做一盏灯，给他一点温暖，让他知道，这世界上永远有个人在为他留着一盏灯。